NOTICE

SUR LA

BARONNIE DE BOULOGNE

EN VIVARAIS

SON CHATEAU, SES SEIGNEURS ET SES FIEFS

et Châteaux de sa dépendance

Les Corbières, Lachamp, Lacombe et La Mothe.

DOCUMENTS

Recueillis par M. Lascombe

De St-Etienne-de-Boulogne.

PRIVAS

IMPRIMERIE DU " PATRIOTE DE L'ARDÈCHE ", BREVETÉE

1884

NOTICE

BARONNIE DE BOULOGNE

EN VIVARAIS

SON CHATEAU, SES SEIGNEURS ET SES FIEFS

et Châteaux de sa dépendance

Les Corbières, Lachamp, Lacombe et La Mothe.

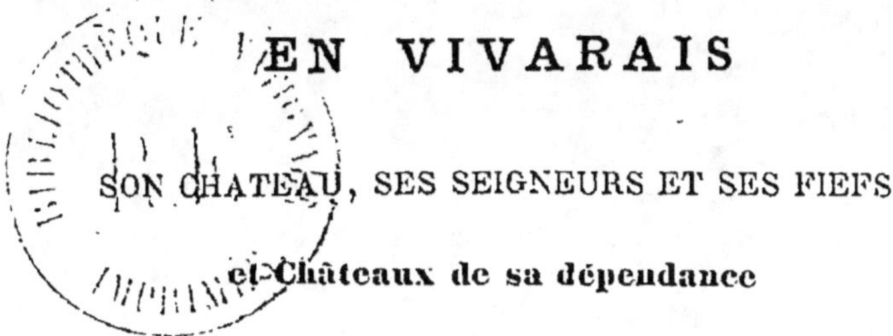

DOCUMENTS

Recueillis par M. Lascombe

De St-Etienne-de-Boulogne.

PRIVAS

IMPRIMERIE DU " PATRIOTE DE L'ARDÈCHE ", BREVETÉE

—

1884

NOTICE

SUR LA

BARONNIE DE BOULOGNE

EN VIVARAIS

La baronnie de St-Etienne-de-Boulogne était l'une des plus importantes du Vivarais. Les ruines du château qui s'élèvent encore dans un site des plus agrestes, ont un grand air et attirent l'attention des archéologues et des touristes par leur aspect imposant.

M. Lascombe, propriétaire à St-Etienne-de-Boulogne, a pu, par des recherches dans les archives de la commune et dans les archives particulières, reconstituer la chronologie des possesseurs de cette baronnie, rétablir des faits inexacts, compléter les indications insuffisantes que l'on avait sur cette terre et sur ce château, comme aussi sur d'autres fiefs de sa mouvance. Nous sommes heureux de publier à titre de renseignements ces diverses notes, et nous les offrons au public sous forme de brochure.

PAUL D'ALBIGNY.

CHATEAU DE BOULOGNE

Un comte de Valentinois qu'on croit descendre d'un frère de Pépin d'Héristal, nommé Grimaldi, est le fondateur du château de Boulogne vers le milieu du 11ᵉ siècle et en fut le premier seigneur.

Le premier connu de nom ayant possédé ce château est Adhémar comte de Valentinois, dont la fille Philippa de Fay épousa, en 1165, Aimard fils de Guillaume de Poitiers. Ce fut Raymond V comte de Toulouse, qui donna à ce dernier l'investiture du château de Boulogne, de Privas, de St-Alban, de Baïx et du Pouzin.

Aymard, fils ou petit-fils du précédent, fait en 1239 hommage à Raymond VII comte de Toulouse, de son château de Boulogne et de plusieurs autres.

En 1249, la comtesse de Valentinois contribue par ses dons à l'élévation de la Chartreuse de Bonnefoy sur les montagnes aujourd'hui du Vivarais, comprises à cette époque dans le comté de Toulouse.

Le fondateur de ce monastère qui dépendait de la Grande-Chartreuse de Grenoble, est Guillaume du Jourdain, un fils de Raymond V comte de Toulouse ; c'était en 1157.

L'église de St-Etienne-de-Boulogne fut aussi construite vers le milieu du 13ᵉ siècle par les soins de cette même comtesse de Valentinois. Avant cette époque, cette paroisse faisait partie de celle de Vesseaux. Le prieuré de Vesseaux était un des plus grands du diocèse de Viviers.

Avant la création de la paroisse de St-Etienne-de-Boulogne qui fut par conséquent détachée de celle de Vesseaux, une chapelle dont les fondements ont été retrouvés il y a quelques années, avait été élevée entre les deux hameaux du Gousis et la Lauze, à un kilomètre près de distance du chef-lieu de St-Etienne et avait été dédiée, croit-on, à saint Etienne, diacre et premier martyr de l'Eglise, d'où vient le nom de St-Etienne donné à la paroisse. On ne sait pas du tout à quelle époque fut construite cette chapelle qui dut être abandonnée probablement après la construction de l'église de St-Etienne-de-Boulogne.

On ne sait pas non plus à quelle époque fut construite la chapelle de Pramaillet, mais d'après les documents que nous avons pu découvrir, ce serait au temps des croisades où beaucoup de pèlerinages furent créés en l'honneur de Notre-Dame ; elle remonterait donc au 11e ou 12e siècle.

En 1300 ou 1310 Guigon, comte de Valentinois, fils, sans doute, d'Aymard, 3e ou 4e du nom, était seigneur de Boulogne.

En 1340, Guillaume, son fils, lui succède mais ne laisse pas de postérité A sa mort, le château de Boulogne échoit à son parent Louis de Poitiers, seigneur de St-Vallier ; c'était en 1344.

En 1349, Charles de Poitiers, fils et successeur de Louis de Poitiers, est seigneur de Boulogne jusqu'en 1384.

On trouve des reconnaissances ayant été faites à Guigon, comte de Valentinois, ainsi qu'à son fils Guillaume, par des habitants du mandement de Boulogne. Ces reconnaissances furent plus tard renouvelées par les héritiers de ces dits habitants en 1373 et 1374 en faveur de noble et puissant seigneur messire Charles de Poitiers, seigneur de St-Vallier et de Boulogne, et furent reçues par Bertrand, notaire. Du 29 août 1373 on trouve celle de Pierre Marconnave, de Marconnave, paroisse de St-Julien-du-Serre, celle de Pierre Mappias, des Mappias, paroisse de Vesseaux. Et du 18 juin 1374 nous trouvons celles de Giraud Chambaud, Jean Teyssier et Vincent Jacob, de la paroisse de Vesseaux. Nous trouvons également les reconnaissances reçues par Raffard, notaire, en faveur du même seigneur, de Pierre Lachave, de Pierre Lablache ; de Lachave, paroisse de St-Etienne-de-Boulogne, de Jean Chabert, de Giraud Baudare, de Vitalis Lacour, de la paroisse de Vesseaux, etc.

Pierre Lachave et Jean Lablache sont les deux premiers habitants du chef-lieu de la commune de St-Etienne-de-Boulogne dont un Lachave lui a donné son nom. Avant la construction de l'église, ce quartier portait le nom de Les Faysses et Lablache.

Par devant maître Chamoux, notaire, le 13 octobre 1384, noble et puissant seigneur messire Charles de Poitiers, seigneur de St-Vallier, vend à noble Raoul de Lestranges ses chastel et chastellenie de Boulogne desquels appendent et appartiennent plusieurs terres, bois, viviers, épaves, mortes-main, cens, rentes de blé, de vin, de deniers, de fruits, de paille, de buches de poutailles, d'épices de cire ; étangs, pêcherie, venaison, chasse, garenne, fours, moulins (laide, pulvérage) ; justice, juridiction haute, moyenne et basse ; hommages nobles, hommages ruraux, fiefs, arrière-fiefs, lods, ventes, sausines, amendes ; hommes et femmes de corps, taillables, exploitables et serviables ; et autres ainsi que le lieu, ville et paroisse de Boulogne ; la seigneurie des lieux et paroisses de St-Etienne de Boulogne, de Vesseaux, de St-Andéol de Bourlenc, de St-Julien de Serre et de Gourdon, les masures, les édifices, les profits, émoluments, revenus et tous autres tenus et mouvant en fief de son prédécesseur noble et puissant seigneur messire

Louis de Poitiers, chevalier seigneur de Saint-Vallier, comte de Valentinois. Dans la présente vente sont compris « tous les droits de propriété et possession, fonds, seigneurie, foi, hommage, juridiction; droit de régale et toutes les actions réelles, personnelles, mixtes, directes, utiles, tacites, expresses hypothèques et autres droits quelconques que le vendeur ou son prédécesseur pouvait ou peut avoir et accompte remis, personnes et biens quelconques à cause et pour raison desdits chastel et chastellenie, etc... »

« Acte passé au Chatelet à Paris, jour, mois et an que dessus. »

Dans cette vente il n'y a malheureusement pas de prix désigné. Il n'y est pas non plus dit où était la résidence de noble Raoul de Lestranges. Un document le dit originaire de St-Juès en Limoges, et cette terre qui était située dans la paroisse de Laplau portait le nom de vicomté de Lestranges. Laplau est devenu chef-lieu de canton, arrondissement du département de la Corrèze formé d'une partie du Limousin.

La paroisse de Gourdon que nous avons vue comprise dans la seigneurie de Boulogne était du mandement de Corbières. Les seigneurs de Corbières étaient les vasseaux de ceux de Boulogne et avaient droit de basse justice.

En 1395, le 16ᵉ jour de février, Dupuy, notaire, reçoit en faveur de noble Raoul qu'on appelait aussi Rodolphe de Lestranges, les reconnaissances ayant été précédemment faites à messire Charles de Poitiers, son prédécesseur. On peut citer de plus la reconnaissance de Guillaume, Laurent et Pierre Chauliac frères, du lieu de Chauliac, paroisse de Vesseaux.

La plupart des reconnaissances faites en faveur de messires Charles de Poitiers et de Raoul ou Rodolphe de Lestranges provenaient du chapitre du Puy. Le chapitre du Puy possédait ou percevait des cens et des rentes dans le mandement de Boulogne avant noble Charles de Poitiers. Il en percevait aussi dans le mandement de Corbières et dans celui de Charay. Le monastère de Charay fut fondé sous les auspices du chapitre du Puy, croit-on, au 10e ou au 11e siècle. Guillaume de Lestranges fut le fils et successeur de Rodolphe de Lestranges en 1425. Le 26 mai 1428, devant Raffard, notaire d'Aubenas, il passe une transaction avec les habitants du mandement de Boulogne (il s'agit des hommes liges et des hommes taillables) où l'on règle le cas du mariage des enfants desdits habitants à un pain éminal ou émine et une poule ; le cas des couches de la dame du seigneur à un éminal froment et une poule, et le droit d'hommage à trois journées d'homme pour chacun.

Un éminal ou émine était composé d'environ onze francesches et valait deux quarterons de la mesure de Boulogne. Le sétier était composé de deux émines ou de quatre quarterons. Mais à la mesure d'Aubenas trois émines ou six quarterons formaient le sétier ; la mesure de Boulogne était donc d'un tiers moindre de celle d'Aubenas. Au château de Corbières les rentes y étaient perçues à la mesure de Boulogne. Les cas prévus et stipulés dans cette transaction ne comprenaient pas les cens et les rentes des reconnaissants ou des hommes liges et taillables, lesquels cens et rentes étaient perçus régulièrement à différentes époques de l'année.

Les reconnaissants ou hommes liges étaient à cens ou rentes fixes, tandis que les hommes taillables payaient selon que produisaient leurs terres, ces derniers ne passaient pas des reconnaissances à leur seigneur et étaient ordinairement les plus pauvres, c'est-à-dire ceux qui possédaient peu.

Guillaume de Lestranges épousa Jeanne de Joyeuse et en eut Louis, son fils, qui hérita le château de Boulogne avec plusieurs autres.

Louis de Lestranges eut deux fils, Jean et Antoine.

N'ayant trouvé aucune reconnaissance faite en faveur de messire Louis de Lestranges, Antoine son fils succéda en 1480 à son grand-père Guillaume de Lestranges.

Jean de Lestranges son frère, forma la famille des seigneurs de Groson, de Bosc et de Colombier, et fut l'ancêtre du fameux abbé Dom Augustin de Lestranges, le fondateur de la trappe de Val-Sainte. Le château de Boulogne qui n'avait été vendu qu'en 1384 par messire Charles de Poitiers à noble Raoul de Lestranges, et en 1794 par l'Etat, comme biens nationaux ou d'émigrés, a été dernièrement acheté par Théodore de Lestranges de St-Alban-d'Ay, et appartenait à cette famille.

Le 8 mars 1480, Jacques Raffard, notaire d'Aubenas, reçoit de messire Antoine de Lestranges les reconnaissances de Jean Terrasse, de Pierre Conquiste, de la paroisse de St-Andéol-de-Bourlenc, de Jean et d'Etienne Gourdon, de Jean Robert, fils d'Etienne, de la paroisse de Gourdon.

Le 13 novembre 1504, Bernardin Sanglier, notaire, reçoit les reconnaissances en faveur du même seigneur de Boulogne, de Sébastien et d'Antoine Maurin, d'Etienne Faure, de la paroisse de St-Andéol-de-Bourlenc ; de Claude, de Guillaume et de Jean Dauriolles, d'Etienne Dubois, tous habitants du lieu d'Auriolles, paroisse de St-Etienne-de-Boulogne, etc...

Il est une transaction passée en 1492 entre les habitants de Boulogne et leur seigneur messire Antoine de Lestranges, et dont les habitants avaient et conservaient le libre usage. Il s'agit de la pêche et de la chasse, mais nous ne savons pas le nom du notaire qui reçut l'acte ni quelles en furent les conditions.

Antoine de Lestranges convertit en prairies une grande partie des terres au quartier dit des Chambons, situé — sur la rive gauche de la rivière de Luol — dans la vallée de l'Escrinet, et les habitants qui possédaient ces terres et qui étaient du hameau des Gousis, échangèrent avec leur seigneur pour d'autres terres situées au quartier du Rouchamp ou Champs-Roux.

Cette prairie avait et a encore une contenance de près de trente mille toises, soit huit hectares au plan du cadastre aujourd'hui, et fut appelée dans la suite Laprade du seigneur. Les eaux de la rivière de Luol servaient et servent encore à l'arrosage de cette prairie au moyen d'un canal qui prend naissance sous un moulin à moudre le blé au lieu des Richards. Un autre moulin à moudre le blé existait avant Laprade du seigneur, sur la rive droite de la rivière, au quartier qui porte encore aujourd'hui le nom de Champ du Moulin, et qu'on dut abandonner, la prise du canal qui y amenait l'eau s'étant trouvée en dessous de celle de celui de Laprade du seigneur. Plus tard, en 1644, Charles de Seneterre fit clore cette prairie au moyen d'une muraille à pierres sèches dont la construction lui coûta 120 livres.

Claude de Lestranges, fils d'Antoine de Lestranges, était seigneur de Boulogne au milieu du 16e siècle. Les nombreuses reconnaissances que nous avons trouvées de cette époque au temps de ce seigneur furent reçues par Robert, notaire, et faites en faveur de noble Gratian des Mottes, écuyer au château de Boulogne sous messire Claude de Lestranges, seigneur de Boulogne et de Cheylane et conseiller du roi.

En 1562, il alla avec sa troupe assiéger Aubenas dont les protestants s'étaient emparés, mais il fut obligé de s'en retourner en son château de Boulogne sans aucun succès.

A sa mort, arrivée en 1564, son fils lui succède, Louis de Lestranges. L'année suivante il eut à soutenir un procès que lui avaient intenté les habitants et manants du mandement de Boulogne en la cour présidiale de M. le Sénéchal de Beaucaire et de Nimes au sujet des cens et des rentes, des cas des couches de la dame du seigneur et du mariage des

enfants des dits habitants, suivant la transaction qui avait
été passée entre messire Guillaume de Lestranges, seigneur
de Boulogne, et leurs prédécesseurs, le 26 mai 1428 et qui
avait été reçue par Jacques Raffard, notaire d'Aubenas. Le
seigneur de Boulogne eut gain de cause ; mais appel de ce
jugement ayant été fait par lesdits habitants en la cour
souveraine du parlement de Toulouse, le jugement des premiers juges fut confirmé et l'arrêt rendu par Louis Chalendar, lieutenant du bailli au siège royal de Villeneuve-de-
Berg. Une nouvelle transaction s'ensuivit et ne fut que la
ratification pure et simple de celle passée en 1428, et fut
reçue le 28 avril 1545 par Dumas et Teyssier, notaires
royaux de Villeneuve-de-Berg.

Louis de Lestranges n'eut pas de postérité mâle, et Marie-
Anne, sa fille unique, épousa en 1579 messire René d'Hautefort, seigneur du Teil et second fils de Gilbert d'Hautefort.

René d'Hautefort devenait donc baron de Boulogne et prit
le nom de Lestranges pour avoir droit d'entrée aux états du
Vivarais.

Il assaillit en 1619, dans les plaines de Vesseaux, Château-
vieux qui revenait de Privas à la tête d'une bande de
protestants ; il lui en tua un certain nombre et les autres,
pour échapper au massacre, s'enfuirent sur les montagnes.

Deux quittances trouvées dans de vieux papiers de famille
ont été écrites et signées par ce seigneur; elles furent délivrées pour droits seigneuriaux reçus, une à Jean Constans
le 1er novembre 1605 et l'autre à Claude Doize le 17 mars
1606, tous les deux habitants de Pramaillet, paroisse de
St-Etienne-de-Boulogne. A ces quittances est cité Antoine
d'Exbryat, prieur de Boulogne à cette époque, ayant aussi
des droits à percevoir à Pramaillet, et dans toute la paroisse
de St-Etienne-de-Boulogne.

Nous n'avons pas trouvé de reconnaissances faites en

faveur de Louis de Lestranges et de René d'Hautefort de Lestranges ; les seigneurs ses vassaux les recevaient et en payaient la rente au seigneur de Boulogne leur suzerain.

Claude René d'Hautefort de Lestranges et de Cheylane, à la mort de son père arrivée en 1621, devint seigneur de Boulogne. Il avait épousé l'année précédente la veuve Paule de Chambaud quoique protestante et qui lui apporta en dot la baronnie de Privas.

Quand Louis XIII et Richelieu vinrent assiéger Privas en mai 1629, il aida, comme beaucoup d'autres seigneurs catholiques de la province, l'armée royale à enlever cette place aux protestants. Mais plus tard s'étant révolté contre l'autorité royale, il fut livré au supplice à Alais, en 1632, et son château fut démantelé.

Il ne laissa avec sa veuve Paule de Chambaud, qu'une fille Meyrie, qui en 1638 épousa Charles de Seneterre marquis de Châteauneuf, et second fils d'Henri marquis de la Ferté, descendant d'une ancienne famille d'Auvergne.

Un acte d'investiture passé devant Claude Devez, notaire à Vesseaux, et portant la date du 21 avril 1638 est signée de Paule de Chambaud, vicomtesse de Privas, de Cheylane, de Boulogne et autres places.

Le 10 janvier 1644, messire Charles de Seneterre marquis de Châteauneuf, vicomte de Privas et de Cheylane, seigneur de Boulogne, passe une convention avec David et Antoine Durand, Aimé Coulombaud, Jean et Valentin Douzon, Claude Reynier, Mathieu Nadal, Jean Avon et Etienne Lacrotte, tous habitants de St-Andéol-de-Bourlenc et de St-Etienne-de-Boulogne, par laquelle il leur donne à prix fait à construire une muraille devant clôturer le pré appelé Laprade dans la paroisse de St-Etienne, et appartenant au seigneur. Cette muraille doit être faite à pierres sèches et à hauteur convenable ou d'homme et le prix en est fixé à cent vingt livres plus un sétier orge et une charge de vin que le seigneur doit leur payer à différentes époques à mesure de l'exécution des travaux. Cette convention est reçue par Claude Devez, notaire à Vesseaux, et est signée de lui et par le seigneur de Seneterre

Les reconnaissances qui furent faites en faveur du marquis de Seneterre furent reçues par André, notaire.

Henri, fils-aîné de Charles de Seneterre et petit-fils de Paule de Chambaud, épousa fort jeune, Anne de Longueval de Crécy. A la suite d'une querelle survenue avec sa mère Marie d'Hautefort de Lestranges, remariée à Guillaume de Meaupou, président au Parlement de Metz, il fut trouvé assassiné en 1671 dans les rues de Privas disent les uns, dans les rues de Paris disent les autres ; il n'avait que 27 ans.

Henriette Bibiane, sa sœur, épousa en 1680 Just François de Fay, marquis de Gerlande. Une famille du Velay est parente avec la famille des de Lestranges, lequel devint seigneur de Boulogne par sa femme. Il était en se mariant seigneur de Bourlatier.

Marie de Seneterre, fille unique d'Henri qui fut assassiné et d'Anne de Longueval de Crécy, épousa en 1688 Louis de Crussol marquis de Florensac, second fils de François de Crussol. Par ce mariage la baronnie de Privas et celle de Boulogne passèrent dans la famille de Crussol ; elles formèrent la dot de Marie de Seneterre ; mais la justice de ces deux baronnies resta à Just François de Fay marquis de Gerlande, ayant formé la dot d'Henriette Bibiane de Seneterre sa femme.

Le château de Boulogne ou plutôt la baronnie de Boulogne, une des principales du Vivarais, comprenait alors sous sa juridiction six communes : St-Etienne et St-Michel-de-Boulogne, St-Martin-de-Gourdon, St-Andéol-de-Bourlenc, St-Julien-de-Serre et St-Pierre-de-Vesseaux. Dans une salle du château on rendait la justice le mardi de chaque semaine, comme l'indique un registre ayant été sauvé de la destruction et qui comprend plusieurs années, de la fin du XVIIe siècle à l'époque du grand règne de Louis XIV. Le bailli ou juge à cette époque, était Jean-Claude de Fayon, seigneur de Gourdon, et le lieutenant ou suppléant de bailli était un nommé Pierre Larmande, notaire. Les formules de jugement semblent avoir beaucoup d'analogie avec celles dont se servent aujourd'hui nos juges de paix. La compétence d'un bailli paraissait être plus étendue que celle de nos juges de paix. Ces petites cours ordinaires rendaient de grands services aux habitants; il n'y avait que les affaires assez importantes qui fussent portées à la cour royale de Villeneuve-de-Berg. Les frais d'assignation et de citation devant la cour ordinaire de Boulogne ne s'élevaient qu'à trois livres trois sols.

Dans ce registre est un document qui, comme tout autre, a son importance. Le voici textuellement :

« Du 16 décembre 1687, par devant Pierre Larmande, lieutenant de bailli au château de Boulogne dans la salle d'audience a comparu :

« Jacques Marcon, procureur fiscal, lequel a dit que pour servir au public il est nécessaire de faire les évaluations du prix des grains et denrées sur leur valeur au temps présent aux marchés voisins. Requérant à ces fins en offre faire sommaire aprise avec maître Jean Carles, praticien ; sieurs Etienne Delubac, François Coste, Gabriel et Scipion Dumas et autres, tous habitants de St-Etienne et de St-Michel-de-Boulogne, ici assemblés et du tout leur en donner acte.

« Après avoir prêté le serment la main mise sur les saints évangiles par lequel ils affirment que depuis environ cinq ou six semaines jusqu'à présent, la valeur réelle aux marchés d'Aubenas des grains et denrées a été, savoir : le setier froment, quatre livres ; le setier seigle, trois livres ; le setier orge, deux livres ; le setier avoine, trente sols ; le légume, trois livres dix sols le setier ; la casse huile de noix, six sols la livre ; la cire, quatre sols la livre ; les noyaux, six livres dix sols le quintal ; le vin, quatre livres la charge ; les chapons, vingt-quatre sols la paire ; les poules, seize sols la paire ; les poulets ; cinq sols la paire ; la poularde, cinq sols pièce ; le foin, quinze sols le quintal ; la paille, cinq sols ; les châtaignes fraîches, huit sols le quarteron, et les blanches, seize sols le quarteron ; de tout quoi avons octroyé et nous sommes sous signés, ne le sachant les autres illetrés de ce enquis. »

Beaucoup de reconnaissances furent faites aux seigneurs de Boulogne ou aux seigneurs ses vasseaux et furent reçues par divers notaires : on peut citer Claude Doize et son prédécesseur Jean Chabannes, notaires à St-Etienne-de-Boulogne ; Pierre Pison et Jean Prinsard, notaires à St-Michel-de-Boulogne ; Jean Champanhet et Antoine Dumas, son successeur, notaires à Vesseaux, etc.....

Louis-Armand de Vigneret Duplessis de Richelieu, comte de Dangenois, par son mariage avec Anne-Charlotte de Crussol de Florensac, fille de Louis de Crussol et de Marie de Seneterre, devint baron de Boulogne ainsi que de Privas, après la mort des parents de sa femme. Il posséda celle de Boulogne jusqu'à sa mort, arrivée en 1743. A cette époque, la cour ordinaire de Boulogne avait pour bailli ou juge, Jean Champanhet, de Vesseaux, et pour lieutenant de bailli, Jean Chalabreysse de Galimard, de la paroisse de St-Julien-du-Serre.

En 1743, Césariette de Fay de Gerlande, petite-fille de Just François de Fay et d'Henriette Bibiane de Seneterre, épouse son cousin Claude Florimond de Coisse, mais meurt après un an de mariage, après avoir donné tous ses biens à son mari.

L'année suivante, Charles César de Fay de Gerlande, fils

de Claude Florimond de Coisse, que ce dernier avait eu d'un précédent mariage, devint baron de Boulogne après la mort de Louis Armand Duplessis de Richelieu comte de Dangenois, de la famille des de Crussol qui possédaient cette baronnie depuis 1688. Aussi le marquis de Gerlande était à la fois seigneur et baron de Boulogne, mais n'était que seigneur de Privas, les de Crussol possédant cette baronnie depuis 1688 qu'ils gardèrent jusqu'à la Révolution.

Le 23 septembre 1745, messire Charles César de Fay, chevalier, seigneur marquis de Gerlande, comte de Moncha, vicomte de Lestranges et de Cheylane, seigneur et baron de Boulogne, seigneur de Privas et de Bourlatier, fait nommer recteur de la chapelle de sa terre de St-Juez, vicomté de Lestranges, dans la paroisse de Laplan, du diocèse de Limoges, messire Antoine Déplas, curé de cette paroisse, en remplacement de messire Rogier, recteur décédé, et avec l'approbation de Monseigneur l'Evêque de Limoges. Acte passé et reçu au château de Boulogne par Jean Thaulamesse Prinsard, notaire audit Boulogne et collationné à Aubenas le 25 septembre, reçu six livres, signé : Durand.

Cette terre appartenait très anciennement aux vicomtes de Lestranges, et plus tard, dans la suite, aux marquis de Gerlande. Comme nous l'avons vu, Raoul de Lestranges en est sorti ; il acheta en 1384 le château de Boulogne avec tous les fiefs et droits seigneuriaux en dépendant de messire Charles de Poitiers, seigneur de St-Vallier ; et ce château ne subit aucune autre vente pendant quatre siècles, qu'en 1794 ayant été compris comme bien d'émigrés et vendu par conséquent par l'Etat.

En 1764, le marquis de Latour-Maubourg, après la mort du marquis de Gerlande, son oncle, décédé sans postérité l'année précédente, devint seigneur et baron de Boulogne, et seigneur de Privas que, par testament, son oncle lui légua avant sa mort.

Un Latour-Maubourg, de cette famille, fut général français et ministre de la guerre sous le règne de Louis XVIII. Un autre fut député officiel au Corps législatif pour la circonscription du Puy sous le second Empire.

A l'époque de la Révolution, le marquis de Latour-Maubourg n'avait plus en sa possession que le château, toutes les terres qui étaient attachées et qui étaient divisées en plusieurs métairies, avaient été vendues par lui peu de temps avant ; sans doute avait-il prévu ce qui arriva inévitablement.

Après la prise de la Bastille le 14 juillet 1789, les consuls des deux communes de St-Etienne et de St-Michel-de-Boulogne, à la tête des habitants, ayant pénétré dans le château malgré la protestation de Pierre Coisse, fermier et chatelain du marquis de Latour-Maubourg et la résistance des gardes, s'emparèrent des poids et mesures servant à percevoir les cens et rentes ou droits seigneuriaux, mais ne se livrèrent à aucun autre acte de spoliation. Ils en adressèrent un mémoire qu'ils envoyèrent au marquis de Latour-Maubourg, habitant alors à Paris.

Le fils de celui-ci, après en avoir eu connaissance, écrivit aux deux consuls de St-Etienne-de Boulogne, Etienne Délubac et Jacques Boiron. Il leur parlait avec beaucoup de modération en les exhortant à attendre les décisions de l'Assemblée nationale auxquelles, disait-il, il s'empresserait de se soumettre le premier ; mais ajoutait-il, avez-vous eu le grand tort d'avoir pénétré de force dans le château et de vous être emparés des poids et mesures, en alléguant pour motif qu'ils sont trop forts, ce qui n'a pas lieu d'être. Plus tard, c'était le 25 mai 1790, par acte reçu Maurin, notaire, ces mêmes habitants formèrent un syndicat et nommèrent pour leurs présidents, Jacques Boiron, de St-Etienne et Jacques Souteyrand, de St-Michel-de-Boulogne. Ces deux derniers, accompagnés du notaire s'en furent en donner sommation au château, audit Coste, afin d'avoir désormais à aller chercher les cens et rentes au domicile de chaque censitaire ou emphythéoste, dans la quinzaine du terme de leur échéance, mais avec les poids et mesures modifiés s'il y a lieu. Avant, et conformément aux anciens titres, les cens et les rentes étaient portés au château par les habitants.

En 1794 ce beau château avec celui de Lachamp situé dans la commune de Vesseaux, furent vendus en adjudication par l'Etat comme biens d'émigrés, moyennant une somme bien au dessous de la valeur réelle de ces édifices. Un nommé Boissier, d'Aubenas, en fut l'adjudicataire et les revendit peu après à un vandale de St-Etienne-de Boulogne dont il faut taire le nom. Ce dernier, pour en tirer profit, fit aussitôt abattre de ce beau château de Boulogne la toiture, arracher les dalles, les pierres de taille, les boiseries, enfin tout ce qu'il put, vendre, il ne resta debout que le portail avec des ruines qui ne manquent pas d'attirer beaucoup de visiteurs, surtout pendant la belle saison. Quant au château de Lachamp, il le revendit tel que, mais à profit à deux ou trois propriétaires qui y établirent leurs domiciles ; ainsi ce château échappa-t-il au vandalisme.

L'abbé Volle, curé d'Asperjoc et en dernier lieu de St-Michel-de-Boulogne, mit fin à ces actes de vandalisme en achetant les restes du château de Boulogne. Après l'avoir possédé pendant plus de 30 ans, ses héritiers après sa mort, l'ont revendu au marquis de Lestranges, de St-Alban d'Ay. Comme nous l'avons vu, il est un descendant de Jean, frère d'Antoine de Lestranges, tous les deux fils de Louis de Lestranges et petits-fils d'Anne de Joyeuse. Louis de Lestranges était seigneur de Boulogne vers le milieu du quinzième siècle.

Ainsi, nous avons dit qu'un comte de Valentinois descendant d'une des premières familles ds France est le fondateur du château de Boulogne vers le milieu du onzième siècle. Boulogne doit son étymologie probablement à ce que le fondateur du château était ou venait du Boulonnais ayant pour capitale Boulogne ; plus tard peut-être, pourrons nous mieux le préciser.

A propos du château, d'abord fut élevée la grande tour carrée, puis trois autres cylindriques moins élevées, et pour protéger la première, avec un viaduc à deux arches pour y arriver ; car, ces quatre tours étaient toutes sur un mamelon donnant sur la rivière de Luol, làquelle prend sa source au col de Lescrinet. Le lieu ou est situé ce château est très pittoresque ; c'est sur la rivière de Luol, à la rive droite, en face de la petite montagne presque à pic du Taillé, se trouvant sur la rive gauche de cette rivière. Cette montagne est aux limites des deux communes de St-Etienne-de-Boulogne et de Vesseaux.

Les deux rivières d'Auzon et de Rentiol, opèrent leur jonction à celle de Luol, la première en amont et la seconde en aval du château et à peu de distance l'une de l'autre.

Ce château, sauf quelques améliorations, resta pendant plusieurs siècles dans cet état. Ce fut Claude René d'Hautefort de Lestranges, le mari de Paule de Chambaud laquelle lui apporta en dot la baronnie de Privas, qui le fit convertir en une somptueuse demeure seigneuriale. Le beau portail, la salle des gardes et de justice, les vastes écuries et la grande arche au devant du portail est son œuvre. Sur le portail on voit encore les armes de ce puissant seigneur ainsi que celles des Lestranges. Il fit également construire ou plutôt élargir la route qui du château va aboutir en passant par le chef-lieu de St-Etienne et en franchissant la rivière de Luol au moyen d'un pont appelé conchyse à la vieille route royale de Privas à Aubenas. Un autre chemin fut construit à partir du château en passant par St-Julien-de-Serres et allant également aboutir à la même route non loin du pont d'Aubenas, mais on n'y pouvait passer qu'à cheval. Plus tard, c'était vers le milieu du siècle précédent, une route fut construite à partir du château jusqu'à Vesseaux à la route royale et passant par le Taillé après avoir franchi la rivière de Luol.

Dans ces vallées on ne voit aucune plaine, mais il y a assez de terres cultivées, des prairies qu'on arrose, et sur les coteaux, le châtaignier et le chêne croissent assez bien. Dans les deux communes de St-Etienne et de St-Michel-de-Boulogne dont le sol était assez fertile, le propriétaire y est assez aisé. On y récolte en général un peu de tout, mais la principale richesse en en exceptant aujourd'hui les vers à soie qui rapportent peu, sont le bétail, les marrons et châtaignes. St-Etienne fournit de plus aux marchés de Privas ou d'Aubenas d'excellentes pommes de terre. Cette commune possède une source d'eau minérale ferrugineuse rivalisant avec celles de Vals-les-Bains ; elle possède aussi deux moulins à moudre le blé avec bluterie et une fabrique à soie, et celle de Boulogne une fabrique à soie seulement.

Les ruines splendides du château de Boulogne attirent surtout de Vals les-Bains beaucoup de visiteurs pendant la belle saison. On y arrive, si on veut, en voiture, après avoir quitté la route nationale de Privas à Aubenas, par le chemin vicinal d'Auriolles à St-Etienne ; puis on quitte celui ci après avoir franchi la rivière de Luol en dessous des hameaux des Gousis et de la Lauze, en suivant le chemin local de Charensac à Lacombe ; arrivé à ce dernier point, on n'a plus qu'à descendre par le vieux chemin du château sur un parcours de trois à quatre cents mètres et on se trouve en face de ces ruines féodales et historiques du vieux manoir des de Lestranges. On peut, si on veut, en visiter de suite attentivement toutes les parties et après mettre pied à terre à la petite auberge Prinsac, près le château, dans laquelle on peut se faire servir à déjeuner, l'hôtesse étant assez bonne cuisinière.

L'église paroissiale de St-Michel-de-Boulogne était dans l'enceinte du château de Boulogne ; c'était plutôt une toute petite chapelle qu'une église. Cette paroisse a eu son prêtre jusqu'en 1819. L'évêque de Viviers se vit obligé de l'en priver, vu l'exiguité de son église. Il avait été question d'en élever une nouvelle au quartier de Charre tout près du château, un peu avant la grande révolution, au temps de l'abbé Tournayre, desservant à cette époque c tte paroisse, mais le projet ne put être mis à exécution, la révolution ayant surgi peu de temps après. C'est au hameau de Massiol, sur un point élevé et plus central, en face du château, du côté du couchant et à proximité de la chapelle de St-Jean-Baptiste, qu'une nouvelle église a été construite il y a une trentaine d'années environ, et c'est depuis cette époque que St-Michel-de-Boulogne est pourvu d'un desservant. Il y a une vingtaine d'années qu'on y a élevé une maison d'école tout près de l'Eglise ; cette commune n'en avait pas, avant.

Cette commune est la patrie de Jean-Louis Pison, savant jurisconsulte, décédé à Villeneuve-de-Berg en 1783 ; il était fils de Pierre Pison, notaire audit Boulogne, et ce dernier mourut en 1747 après avoir exercé la profession de notaire depuis 1706 ; il fut le sucesseur d'Etienne Doize, notaire à St-Etienne de Boulogne.

CHATEAU DE LACHAMP

DANS LA PAROISSE DE VESSEAUX RELEVANT DE LA BARONNIE
DE BOULOGNE

Les seigneurs de Boulogne comme tenant en fief les domaines du château de Lachamp avec tout le terrier ou droits seigneuriaux qui en dépendaient, les seigneurs leur devaient l'hommage.

Les seigneurs du château de Corbières dans la paroisse de Gourdon, de celui de Lacombe dans la paroisse de St-Etienne-de-Boulogne et de celui de Lamothe dans la paroisse de St-Michel de Boulogne, étaient également vassaux de ceux de Boulogne, leurs suzerains, et leur devaient aussi l'hommage.

Le château de Lachamp était occupé par indivis en 1390 par noble Mondon Laprade et par noble Bigot des Mottes. Ils en sont sans doute les fondateurs, car on ne mentionne pas l'existence de ce château avant eux. Jean Colly, notaire, reçoit le 6 mai 1392 la reconnaissance de Barthélemy Lachave, du lieu de Lachave, paroisse de St-Etienne de Boulogne, en faveur de messire Actorie de Chambaud, prieur de Vesseaux, à laquelle avaient droit les seigneurs de Lachamp.

Au commencement du quinzième siècle, noble Bigot des Mottes possédait ce château par indivis avec noble Imbert du Cheylard dont le fils, Hébrard du Cheylard, épousa en 1439 Julienne Laprade, fille de Mondon Laprade.

En la même année de ce mariage, noble Dragonet de Sergeat ou de Foijas succède à noble Bigot des Mottes et dut probablement acquérir de ce dernier.

Les reconnaissances faites aux seigneurs de Lachamp et auxquelles avait droit Bernard Etorofy, prieur de Vesseaux, et reçues par Louis Robert, notaire d'Aubenas, le 2 décembre 1468, sont celles de Jean et Antoine Reboul, de Guillaume Soulier dit Rotours, de Guillaume Richard, d'Antoine Darbres, de Jean Martin dit Darbres et autres, et le 12 mai 1472 celles de Pierre Fargier et de Beaudille Cayron, tous de la paroisse de St-Etienne de Boulogne.

Nobles Claude et Antoine Leugier frères durent, eux aussi, acquérir de noble Dragonet de Foijas, puisqu'on les trouve être seigneurs de Lachamp, en même temps et par indivis que noble Jean du Cheylard en 1473, fils d'Hébrard du Cheylard.

Mondon et Jean Mautades frères, de St-Etienne-de-Boulogne, font une reconnaissance en faveur des de Leugier, laquelle fut reçue par Louis Robert, notaire, en septembre 1473.

Noble Etienne ou Hébrard du Cheylard, fils de Jean du Cheylard est seigneur de Lachamp après la mort de son père arrivée à la fin du 15e siècle.

En 1511, noble Bernard Senglier de Cachard et Antoine de Surville deviennent par indivis seigneurs de Lachamp, le premier succède à noble Claude et Antoine Leugier, et le second à noble Etienne ou Hébrard du Cheylard, après avoir acquis d'eux.

Etienne Avias, notaire de Mirabel, reçoit les reconnais-sances faites en faveur du seigneur de Surville le 30 juin 1511 : citons celle de Jean Delubac dit Couchier de la paroisse de St-Etienne-de-Boulogne.

Jean de Surville, fils et successeur d'Antoine de Surville est seigneur de Lachamp vers le milieu du 15e siècle. On trouve la reconnaissance de Jean Delubac dit Couchier fils, à autre du même nom, faite en faveur de ce seigneur et reçue par Devez, notaire, le 30 mai 1583.

Les reconnaissances faites en faveur des seigneurs de Senglier de Cachard furent reçues par Bergier, notaire à différentes époques ; citons la date du 21 avril 1535 avec la reconnaissance de Jean Fargier et Vidal Giraud, de la paroisse de St-Etienne-de-Boulogne.

A toutes ces reconnaissances faites en faveur des seigneurs de Lachamp avait droit messire Pierre Comta, prieur de Vesseaux et ses successeurs.

Louis de Surville, fils et successeur de Jean de Surville, est seigneur de Lachamp pendant la première moitié du 17e siècle, et Claude de Surville, son fils, le fut jusqu'en 1676.

Claude de Surville avait épousé Blanche Doriple, mais n'en eut pas d'enfants Il fut le dernier de cette noble famille ayant habité à Vesseaux. Après sa mort arrivée en 1676, il eut pour héritier noble Pierre de Bouvier de Charendon qui, par conséquent, devint seigneur de Lachamp.

En mai 1676, Crozac, notaire, reçoit les reconnaissances faites en faveur de noble Pierre de Bouvier.

Nous avons laissé Bernard de Senglier de Cachard seigneur de Lachamp en 1511. Il eut pour successeur ses deux fils nobles Antoine et Etienne Senglier de Cachard et ceux-ci autre Etienne de Senglier de Cachard, fils sans doute d'Etienne de Senglier, de même nom.

En 1599 enfin, Gabriel de Senglier de Cachard succéda à Etienne de Senglier son père.

C'était vers 1625 que noble Louis de Malhians succéda à noble Gabriel de Senglier de Cachard ; il descendait de Pons Malhians qui était seigneur de Lacombe en 1350 et qui avait épousé Guigonnette de Bénéfice, fille de Pierre de Bénéfice, seigneur du château du Bois.

Noble Louis de Malhians qui fut l'héritier de noble Gabriel

de Senglier et le successeur, avait deux frères, Claude et François, qui habitaient aussi à Vesseaux à cette époque.

Vers le milieu du 17e siècle ou un peu après, noble Claude Louis de Malhians, fils et successeur de Louis de Malhians, devint seigneur de Lachamp.

Les nombreuses reconnaissances qui furent faites en faveur de ce seigneur et auxquelles avaient droit les prieurs de Vesseaux furent reçues par Crozac et Chaumette, notaires d'Aubenas, et par Claude Devez et Jean Champanhet, notaires à Vesseaux à différentes époques.

Antérieurement au 13e siècle, la paroisse de St-Etienne-de-Boulogne faisait partie de celle de Vesseaux ; aussi les prieurs de celle-ci eurent-ils toujours des droits dans celle de St-Etienne : on peut citer les reconnaissances de Jean et de Louis Taupenas, oncle et neveu, tous les deux prieurs de St-Etienne vers la fin du 15e siècle.

Noble Claude Louis de Malhians avait épousé Marguerite Duroux, et on trouve des reconnaissances faites en faveur de ladite Duroux, en 1717, devenue veuve, et reçues par Chaumette, notaire d'Aubenas.

Noble Louis de Malhians, fils et successeur de noble Louis de Malhians et de Marguerite Duroux, épouse en 1740 Marguerite Doriple, nièce de Blanche Doriple. Par ce mariage, il devient en partie héritier des biens de Claude de Surville.

On trouve noble Antoine Desfages, seigneur de Lachamp, au commencement du 18e siècle, et être le successeur de Pierre Debouvier de Charendon. On trouve des reconnaissances faites en sa faveur qui furent reçues par Sévenier, notaire, le 2 mai 1746.

Vers le milieu du 18e siècle, Esprit François-Antoine, fils et successeur d'Antoine Desfages, est seigneur de Lachamp et Vigne, notaire, reçoit diverses reconnaissances faites en faveur de ce seigneur en mai 1785.

En 1759, dame Marguerite Doriple, après la mort de son mari, plusieurs reconnaissances lui furent faites et reçues par Valette Vallar, notaire.

Aussi noble Esprit François Antoine Desfarges, et dame Marguerite Doriple, cette dernière, veuve de Louis de Malhians, ont été les derniers seigneurs de Lachamp.

Du mariage de Louis de Malhians, avec Marguerite Doriple, sont issus trois enfants.

1° Henri-René de Mathians, qui dans la suite fut colonel d'infanterie et commandant de Bayonne sous Louis XV et Louis XVI ; il mourut en 1787.

2° Denis Auguste de Malhians, qui devint religieux de l'ordre de Citeaux, et prieur de l'abbaye de Fonfreyde avant la révolution. Après le Concordat, il fut fait chanoine honoraire de Bordeaux et mourut en 1824.

3° Jeanne-Françoise de Malhians, qui fut religieuse de l'ordre de St-Benoit ; elle mourut au commencement de ce siècle.

Leur mère, Marguerite Doriple, quitta le territoire français en 1792 à l'époque des émigrations. Elle se fit accompagner jusqu'à Montélimar par le fermier de son domaine qu'elle possédait au lieu de Pramaillet, commune de St-Etienne-de-Boulogne, le sieur Lascombes, qui était propriétaire au dit lieu, domaine qui fut vendu par l'Etat en 1794.

En 1794 fut également vendu le château de Lachamp et celui de Boulogne, et nous avons vu qu'un nommé Boissier, d'Aubenas, se rendit adjudicataire de tous les deux, moyennant une somme assez modique.

Il revendit peu après celui de Lachamp, à deux ou trois propriétaires de Vesseaux qui y établirent leurs domiciles et que leurs descendants possèdent encore aujourd'hui, l'ayant ainsi sauvé d'une destruction certaine. |Malheureusement, il n'en fut pas ainsi de celui de Boulogne, qui, revendu, tomba entre les mains d'un vandale dont nous taisons le nom.

Le domaine que possédait Marguerite Doriple, veuve de Louis de Malhians, audit lieu de Pramaillet, à l'époque de la Révolution, avait appartenu à la famille de Surville avant 1740. Il fut vendu par l'Etat, le tridi de la seconde décade de frimaire, an 2 de la République française (14 novembre 1794) en adjudication, au prix de 33.100 livres, et échut à un nommé Tournel, d'Aubenas.

A l'époque de cette adjudication, le sieur Lascombes, propriétaire à Pramaillet, en était fermier au prix de 165 livres et quelques réserves de denrées par an.

En 1769, Marguerite Doriple le lui avait affermé, puis, après sa mort, Henri René de Malhians son fils, renouvela le même bail, et ainsi de suite ; le dernier en vigueur avait été renouvelé en 1789, par Marie Gay, après la mort de son mari Henri René, arrivée en 1787.

L'adjudicataire de ce domaine le revendit, tel, peu après, audit Lascombes, pour une moitié, et l'autre moitié à un nommé Barbe, habitant aussi à Pramaillet.

A l'époque où fut abolie la liste des émigrés par Bonaparte, premier consul, Denis Auguste et Jeanne Françoise de Malhians, père et sœur, passèrent une convention sous seing privé à Aubenas, le 31 mars 1800, avec Joseph Lascombes, de Pramaillet, où on lui avait donné rendez-vous, par laquelle ce dernier se chargea de leur payer, et au dernier survivant, une rente viagère annuelle et en denrées de onze sacs de blé seigle et une charge de pommes de terre, le tout portable chez Mᵉ Mestre, notaire à Aubenas.

On avait également fait appeler ledit Barbe à Aubenas, mais il ne s'y rendit pas, ne voulant pas du tout indemniser les ci-devant propriétaires de ce domaine.

Cette rente, que ledit Lascombes avait bien voulu donner à titre d'indemnité, fut régulièrement payée jusqu'en 1824, année où mourut à Bordeaux le chanoine Denis Auguste de Malhians, sa sœur étant décédée il y avait plusieurs années.

CHATEAU DE CORBIÈRES

RELEVANT COMME CELUI DE LACHAMP, DE LA BARONNIE
DE BOULOGNE, MAIS AYANT DROIT DE BASSE JUSTICE,
DROIT QUE N'AVAIT PAS CELUI DE LACHAMP.

———

Le château dont il ne reste presque pas de trace aujour-d'hui, était situé sur un petit monticule entre le hameau de Corbières et le mas de Sarracet, dans la paroisse de Gourdon. Sarracet est le nom d'un domaine dont la maison et les bâtiments d'exploitation étaient situés sur le bord de l'ancienne route de la Grange de Madame à Mézilhac, et qui faisaient partie de ce château ; à vrai dire c'étaient les terres seigneuriales. Les seigneurs qui occupaient ce château étant vassaux, devaient l'hommage à ceux de Boulogne leurs suzerains.

Au commencement du 14e siècle, noble Hugon de Fourchades en était le seigneur en même temps que co-seigneur d'Ajoux.

On trouve un grand nombre de reconnaissances faites en sa faveur et reçues par Turry, notaire, à différentes époques, savoir : Guillaume dit Charroux, Pierre Albassaigne de la paroisse de Gourdon, Jean Lacheyrouse de la paroisse de Vesseaux, Pierre Soulier, Pierre Lestrade, Guillaume Farge, Gamon Dauriolles, Guillaume Lacroix, Jean, Jeauffre Guillaume Maurel, Jean Giry, Pons Mantade, André Aggié de la paroisse de St-Etienne-de-Boulogne, etc.

Le 12 mars 1330, il vend son château de Corbières avec

toutes les terres ou domaines qui en font partie ainsi que tout le terrier avec les droits seigneuriaux, à noble Petronet ou Pierre de Goy fils d'autre, ayant même nom, et originaire de Thueyts (Athogus).

Le 22 avril suivant, il vend encore audit seigneur de Goy son hameau de Jarniac situé aussi dans la paroisse de Gourdon et composé de sept hommes liges, taillables, corvéables, censitaires et devant l'hommage à leur seigneur, et de sept maisons, confrontant : d'une part, avec le chemin public qui va du mas du Faluc de Corbières vers le lieu de Gourdon, et avec le terrier de Laplanche et celui du Serre. Ces deux ventes sont reçues par Pons Galon, notaire d'Aubenas.

Les sept hommes liges dont il est question sont : 1° Etienne Gros ; 2° Hugon Etienne ; 3° Guillaume Reboul ; 4°, 5° et 6° Guillaume, Jean et Saurette Deydier tous trois enfants de Raymond ; 7° Pons Chambon, tous habitants de Jarniac.

Les reconnaissances faites en faveur du seigneur de Goy et reçues par Pons Galon, notaire d'Aubenas, sont celles de Jean DuFahu, Pierre Lafon, Durand Gourdon, Vincent Jarniac, Guillaume et Raymond Laplanche frères, Jean et Etienne Gros, frères, et Pons Grimaud, tous du mandement de Corbières et de la paroisse de Gourdon.

Le 4 avril 1334, le même notaire reçoit encore beaucoup d'autres reconnaissances en faveur du seigneur de Corbières : on peut citer celles de Guillaume Defès et de Michelle Duriou, etc., et le 11 novembre 1337 il reçoit celles de Jean et Etienne Armand frères, de Pierre, Pons et Etienne Derive, frères etc.

Pons de Goy, fils et successeur de Petronet ou Pierre de Goy baille à Hugon Etienne Jarniac son mas de Jarniac avec les terres qui en dépendent, mais dans ce bail il n'y a pas de prix désigné ; il est seulement dit payable chaque année aux fêtes de St-Michel-Archange et de St-Jean-Baptiste, acte reçu par Albert, notaire d'Aubenas, le 20 mai 1338.

Le même notaire reçoit plusieurs reconnaissances en faveur de ce seigneur ; ce sont celles de 1334 à 1337, renouvelées en 1338 et années suivantes jusqu'en 1357.

Pierre de Goy, fils et successeur de Pons de Goy, est seigneur de Corbières en 1357.

Le 4 janvier 1357, Albert, notaire d'Aubenas, reçoit les reconnaissances en faveur de ce seigneur, de Gamon Armand, de Pierre Rabachaud, de Vincent Jarniac et autres, du mandement de Corbières et il est dit que les cens et rentes doivent être perçues à la même mesure de Boulogne.

Au commencement du 15ᵐᵉ siècle, un autre Pons de Goy, fils et successeur de Pierre de Goy, est seigneur de Corbières.

Beaucoup de reconnaissances, déjà citées, sont renouvelées en faveur de ce seigneur et reçues par Jacob Liogier, notaire.

Vers le milieu du 15ᵐᵉ siècle, Guillaumede Goy, fils et successeur de Pons de Goy, est seigneur de Corbières.

Le 1ᵉʳ juin 1459, ce seigneur donne droit aux nommés Pierre Jacob et Martial Jarniac, de la paroisse de Gourdon et du mandement de Corbières, de construire un moulin à moudre le blé au pré appelé Prat de la Ribeyre, dans le mandement de Corbières, que fera tourner l'eau de la rivière de Laplanche, et ce au cens annuel d'une poule, payable ou portable à la fête de saint Michel–Archange, au seigneur en son château de Corbières. Ce bail fut reçu par Albert Dalmas, fils à autre de même nom, et notaire à Aubenas.

Guillaume de Goy eut pour successeur Jean de Goy son fils, au commencement du 16ᵐᵉ siècle.

Antoine Maximin, notaire d'Antraigues, reçoit le 16 mars 1518, la reconnaissance en faveur de ce seigneur de Claude Bourret, et le 23 mars suivant, celles de François Favet, Guillaume Favet de la paroisse de Gourdon, et celle de François Agier du lieu du Bénéfice, de la la paroisse de St-Andéol-de-Bourlenc. Jean Barthélemy, notaire d'Aubenas, reçoit, le 17 mai 1521, la reconnaissance d'André Riou et autres du mandement de Corbières, en faveur de ce seigneur.

Le 28 juin 1528, ce même seigneur accorde la faculté à Jean et à Charles Chalamon père, du lieu et paroisse de Gourdon, de construire et d'entretenir un moulin à vent pour moudre le blé, à une terre appelée Laborie, mais sous condition expresse de moudre le blé du seigneur sans prendre aucune mouture. Ces Chalamon, dont il est question ici, sont les devanciers de Camille Chalamon, ancien président du tribunal civil de Privas, mort il y a plusieurs années.

Vers la fin du 16e siècle, nous trouvons un autre Jean de Goy, fils et successeur du précédent, qui est seigneur de Corbières. Argenson et Tailland, notaires, reçoivent plusieurs reconnaissances faites en faveur de ce seigneur.

Par devant Salomon, notaire d'Antraigues, et le 15 mars 1602, il donne droit à Thomas Agier du lieu du Crouzet, paroisse de Gourdon, de se servir de l'eau de la rivière d'Oise et de celle sortant du moulin de Montfreyde, appartenant aux hoirs de Jean Fargier, dit Lacque, de Millasolle, de la même paroisse, pour l'arrosement de ses deux prairies appelées Praclaux et Praneuf, et ce moyennant un boisseau seigle payable audit seigneur à son château de Corbières par ledit Agier à la fête de Saint Michel-Archange de chaque année.

Il est une transaction passée devant Maspetit et Turry, notaires, entre les habitants de Vernac, de la paroisse de Gourdon, et ceux d'Auzon, de la paroisse de St-Etienne-de-Boulogne, pour avoir la faculté de mener paître leurs bestiaux où bon leur semble mais en tenant parc, et ce au cens annuel de 20 livres de fromage payable et portable au seigneur en son château de Corbières à chaque fête de Saint Michel-Archange. Cette transaction fut passée le 8 juin 1545 et renouvelée le 4 juin 1631 par devant Jean Charre, notaire à St-Michel-de-Boulogne, et la rente payée en dernier lieu au seigneur de Gourdon Charles de Fayon, le successeur de Jean et Marc de Goy père et fils.

On trouve les noms de neuf seigneurs de Goy, ayant occupé le château de Corbières, à partir de 1330 jusqu'en 1620 : Pétronet ou Pierre qui l'acquit de noble Hugon de Fourchades en 1330 ; 2° Pons, son fils, qui l'occupait en 1340 ; 3° Pierre, deuxième du nom, qui l'occupait en 1360 ; 4° Pons, deuxième du nom, qui l'occupait vers la fin du 14me siècle et au commencement du siècle suivant ; 5° Guillaume, qui l'occupait en 1450 ; 6° Jean, vers la fin du 15me siècle ; 7° Jean, deuxième de ce nom, qui l'occupait au commencement du 16me siècle ; 8° Jean, troisième, qui l'occupait pendant les dernières années du 16me siècle et au commencement du siècle suivant ; 9° enfin, Marc, qui l'occupait en 1619.

Les seigneurs de Goy n'ont pas toujours possédé le château de Corbières : Claude René d'Hautefort, seigneur de Lestranges, baron de Boulogne et de Privas, acquiert ce fief des nobles Jean et Marc de Goy, père et fils et c'est depuis cette époque, qu'il n'est plus parlé d'eux, ni du mandement de Corbières, qui fut réuni à celui de Boulogne. C'est aussi à la même époque que le seigneur de Boulogne et de Privas, alors fort puissant, acquit le fief de Lacombe, dans la paroisse de St-Etienne-de-Boulogne et celui de Lamothe, dans celle de St-Michel-de-Boulogne ; et ces deux fiefs devinrent à l'avenir deux métairies du château de Boulogne.

Quant au château de Corbières, il fut délaissé et finit par tomber en ruine ; il n'en reste presque pas aujourd'hui de trace. Les terres, seigneuriales de ce château, qui n'étaient autres que le domaine de Sarracet, échurent en 1620, à noble Charles de ˙Fayon, seigneur de St-Laurent-sous-Coiron et de Verdus, qui s'était allié aux seigneurs de Goy et devint aussi seigneur de Gourdon. Le fils de Charles de Fayon, Claude-Louis, fut bailli au château de Boulogne, pendant les dernières années du 17ᵐᵉ siècle. Le troisième seigneur, Jacques de Fayon, vivait au commencement du 18ᵉ siècle, et Louis son fils vivait quand arriva la Révolution.

Ce domaine de Sarracet qui s'était affermé 340 livres par an, à un nommé Jean Gauthier, de Mézilhac, suivant un bail reçu par Jean Thaulamesse Prinsard, notaire à St-Michel-de-Boulogne, en 1737, fut vendu par noble Louis de Fayon, quelques années avant la Révolution, à Antoine-Thaulamesse Prinsard, notaire et fils du précédent.

CHATEAUX DE LACOMBE ET LAMOTHE

Ces deux châteaux qui existent encore, sont situés à très peu et à égale distance de celui de Boulogne. Le château de Lacombe est dans le territoire de la commune de St-Etienne de Boulogne et celui de Lamothe dans le territoire de la commune de St-Michel de Boulogne. Les seigneurs qui les occupaient étaient comme ceux de Corbières et de Lachamp, les vassaux de ceux de Boulogne.

Le premier seigneur de Lacombe est Pons Maillan ou Malhians, qui avait épousé Guigonnette de Bénéfice, fille de Pierre de Bénéfice. En 1350, on trouve des reconnaissances à lui faites par des habitants du mandement de Boulogne et reçues le 4 septembre 1351 par Hugon Dunogier et Pierre Ponhet, notaires.

Noble Guillaume Combe ou Lacombe hérite de Pons Malhians en 1389, en épousant la fille de ce dernier. Jean Ollivier et Jean Jullien, notaires, reçoivent les reconnaissances, faites en faveur de ce seigneur, le 28 décembre 1389 et le 4 janvier 1390.

Raymond Lacombe fut le fils et successeur de Guillaume Lacombe. Louise, sa fille, épousa en 1503 noble Louis de Bénéfice, un descendant de la famille de Bénéfice qui occupa pendant longtemps le château de Bois, situé près de Chomérac. Un membre de cette famille habitait à St-Etienne de Boulogne au 17ᵉ siècle.

Les reconnaissances faites à Louis de Bénéfice sont reçues par Avias, notaire, le 28 décembre 1503.

En 1556, Louis de Bénéfice fils à autre ayant même nom et de Louise de Lacombe, leur succède. Le 22 mars de cette même année 1556, Robert, notaire, reçoit les reconnaissances à lui faites.

Au commencement du 17ᵉ siècle, Danielle de Lacombe devient héritière du château de Lacombe, c'est la dernière survivante de la famille de ce nom. Elle avait épousé noble Jean Boysset, mais n'en eut pas d'enfant. Elle survécut à son mari.

Avant de mourir, elle légua tous ses biens au seigneur de Boulogne, d'aucuns disent même que le seigneur de Boulogne acquit ce château d'elle, de son vivant. Quoiqu'il en soit, le château de Lacombe avec le domaine de Charensac devinrent une métairie du château de Boulogne en 1650 ou 1660. Le seigneur de Boulogne avait acquis le domaine de Charensac de Mathieu de Charensac, ce dernier ayant fait une reconnaissance de ses biens à noble Gratians de Mottes, écuyer du château de Boulogne et seigneur du château de Lamothe, le 7 novembre 1544, reconnaissance reçue par Avias, notaire à Mirabel.

Les seigneurs de Boulogne ont possédé cette métairie de Lacombe-Charensac jusqu'en 1786, époque où le marquis de Latour-Maubourg, alors baron de Boulogne, la vendit à Antoine Thaulamesse Prinsard, notaire à St-Michel de Boulogne, métairie que ses descendants possèdent encore aujourd'hui.

En 1418, le château de Lamothe était occupé par indivis par nobles Guillaume et Pierre Brun, et Dupuy, notaire, reçoit les reconnaissances à eux faites.

En 1544, ce château passe dans famille des de Mottes ou de Lamothe et noble Gratian des Mottes en est seigneur en même temps qu'écuyer au château de Boulogne. Les reconnaissances faites en faveur de ce seigneur sont celles qui avaient été faites à ses prédécesseurs et sont reçues ou renouvelées par Avias, notaire à Mirabel.

Le dernier seigneur de Lamothe est noble Claude Lafaye. On trouve une institution de noble Jean Boysset, seigneur de Lacombe et reçue par Dumas, notaire, le 23 octobre 1617 et dont un des témoins est le seigneur de Lamothe, noble Claude Lafaye.

Il y avait un Abraham Lafaye de cette famille, notaire à Aubenas à cette époque. Les reconnaissances faites en faveur des derniers seigneurs de Lamothe furent reçues par divers notaires précédemment cités ; c'était en général les reconnaissances renouvelées de celles faites à leurs prédécesseurs.

Le seigneur de Boulogne ayant acquis ce château en 1620, en fit une métairie qu'il garda jusque presque à la révolution. Le marquis de Latourg-Maubourg, ce dernier, seigneur de Boulogne, la vendit à un propriétaire de Vesseaux en même temps que celle de Lacombe-Charensac.

Un nommé Dubois, rentier, la possède aujourd'hui, l'ayant acquise d'un parent, il y a quelques années.

NOTES SUR LE CHATEAU DE BOULOGNE

A ajouter à celles précédemment publiées

La transaction du 26 mai 1428 entre le seigneur de
Boulogne Guillaume de Lestranges et les habitants du mandement de Boulogne, porte que les hommes liges exploitables, taillables et corvéables, outre les cens et droits seigneuriaux, devaient encore d'autres cens, corvées, tailles,
aux couches des dames de Boulogne et aux mariages d'eux
habitants ou à ceux de leurs enfants, soit dans la maison
paternelle ou ailleurs. Les cens ou corvées dus à ces divers
cas ou *cinq cas*, comme on les appelait, consistait en un
pain éminal ou émine, et une poule, et à trois journées
d'homme pour chacun ; on les devait aussi lorsque le seigneur faisait achat de terrains nobles ou ruraux ; dans le
premier cas lorsque le prix excédait 300 livres, et dans le
second cas 400 livres ; en dessous de ces prix il n'était rien
dû. C'était de livres tournois qu'il était question et 300 livres tournois valaient 100 écus d'or tournois.

Cette transaction porte aussi que lorsqu'une maison ou
domaine qui se divisait n'augmentait pas ces droits, mais
que les acheteurs ou co-partageants en prenaient chacun sa
part ; de même si un homme lige achetait une maison ou
domaine devant ces droits, ces droits s'ajoutaient à ceux
qu'il devait avant et devait par conséquent double ou triple
s'il faisait acquisition d'une deuxième maison ou domaine,

ou seulement une moitié ou un tiers s'il n'en achetait qu'une moitié ou un tiers ou un quart, etc. On conclut de cela que le pauvre devait peu et qu'au contraire le riche devait bien davantage.

Comme l'homme lige pouvait s'acquitter de tous ces droits en nature, selon le termes de la transaction il lui était accordé la faculté de s'en affranchir en donnant 40 livres tournois de taille pour cinq cas, taille qu'il ne donnait bien souvent qu'une ou deux fois en sa vie. Cette taille de 40 livres pouvait aussi être partagée comme le reste entre les héritiers si mieux ils aimaient s'en acquitter en nature.

Chaque fois que le seigneur dépassait ses droits ou que l'homme lige s'acquittait mal de ce qu'il devait ou ne voulait pas s'en acquitter, la transaction donnait la faculté à l'un et à l'autre d'en référer à la cour souveraine du Parlement de Toulouse.

Nous avons vu que l'*emine* était composée de deux quarterons ou de onze franchesses, et qu'il fallait deux émines ou quatre quarterons pour le sétier ou sac qui est ce qu'on appelle l'ancien sac, ne contenant de nos nouvelles mesures qu'environ 64 litres, et l'émine 32 litres. Le sac d'aujourd'hui lui aussi est composé de deux émines ou quatre doubles décalitres ou bien 80 litres; l'émine proprement dite en contient moitié moins ou 40 litres.

A la mesure d'Aubenas le sétier ou sac ancien était composé de trois émines ou six quarterons; elle était donc un tiers plus forte que celle de Boulogne.

Lorsqu'il s'agissait de la mesure pour les chataignes ou fraiches ou sèches, le quarteron ou quarte était bien plus grand que le quarteron ordinaire; mais cette quarte dont on s'est servi jusqu'à nos jours dans nos pays, n'était uniquement employée que pour les chataignes.

Trois mesures ou quartes pesaient environ 60 kilogrammes et auraient contenu près de 80 litres.

Pour le vin on se servait d'une mesure nommée sétier, contenant 16 pintes, la pinte valant un peu plus de la moitié d'un litre, environ 6 décilitres.

Mais lorsqu'il s'agissait d'une quantité bien plus grande, on employait la charge, composée de 10 setiers ou 160 pintes, valant un peu plus d'un hectolitre.

Hugon de Fourchades, seigneur de Corbières (*Corberia*), et de Fourchades (*Forcata*) avait aussi passé plus d'un siècle avant, une transaction avec les habitants et manants de son mandement de Corbières, devant l'hommage, laquelle était tout à fait dans la même forme, et qu'il transmet au seigneur de Goy, lorsqu'il lui vendit son château de Corbières et son *mas* de Jarniac. Les rentes ou droits seigneuriaux étaient perçus à la même mesure de Boulogne.

En 1564, les habitants et manants du mandement de Boulogne, se croyant trop vexés relativement à tous ces droits, cens et corvées que comportait la transaction de 1428, intentèrent un procès à Louis de Lestranges, leur seigneur, devant la sénéchaussée de Beaucaire et de Nimes, en demandant que l'émine fut réduite à l'avenir à sept franchesses au lieu de onze dont elle se composait, et que les cens et rentes ne fussent plus portables au seigneur en son château, c'est-à-dire qu'elles fussent perçues désormais à domicile.

Mais ils furent complètement déboutés de leurs diverses demandes et condamnés à tous les frais et dépens, par arrêt de cette cour en date du 13 septembre 1564.

Ils firent immédiatement appel de ce jugement en la Cour souveraine du Parlement de Toulouze, laquelle confirma purement et simplement la décision des premiers juges.

L'arrêt en fut rendu le 28 avril 1565 par Louis Chalendar, lieutenant de bailli au siége royal de Villeneuve-de-Berg.

Une nouvelle transaction s'ensuivit, qui, outre qu'elle ne fut que la ratification pure et simple de celle de 1428, contenait encore pour les habitants ou hommes ligés la faculté de s'acquitter de tous leurs droits arriérés, de renouveler les reconnaissances lorsqu'ils en seraient requis, de s'acquitter à l'avenir de tous les cens, rentes, corvées, tailles, aux époques convenues, et que le tout fut portable et recevable dans la demeure du seigneur en son château de Boulogne ; elle contenait enfin pour les habitants de s'acquitter de tous les frais occasionnés par eux dans tous ces procès, et de vivre en paix et en amitié perpétuelle à l'avenir, avec leur seigneur.

Cette dernière transaction qui fut reçue par Dumas et Teyssier, notaires royaux, demeura en vigueur presque sans aucune modification jusqu'à l'abolition de l'ancien régime.

Les habitants en témoignèrent bien à plusieurs reprises du mécontentement, notamment en 1764, à l'époque où le marquis de Latour-Maubourg devint seigneur de Boulogne, mais il n'y eut pas de procès.

Il est bon d'ajouter que ces mécontentements étaient occasionnés le plus souvent par les fondés de pouvoirs ou receveurs des rentes du seigneur, comme on se plaint quelquefois aujourd'hui de certains employés du gouvernement ou de l'administration, chargés d'opérer les recouvrements fiscaux sur les populations et ajoutant souvent, de leur chef, des vexations et des exigences qui ne sont point dans leurs droits et dans leurs instructions.

TABLEAU GÉNÉALOGIQUE

des seigneurs de Boulogne, que nous diviserons
en trois époques :

La première commençant un peu avant le milieu du
XIIe siècle et finissant en 1384, année ou messire Charles de
Poitiers vendit son chastel de Boulogne à noble Raoul ou
Rodolphe de Lestranges.

La deuxième époque commençant en 1384 et finissant
en 1579 ; année ou Réné d'Hautefort, seigneur du Theil,
devint seigneur de Boulogne, par son mariage avec Marie-
Anne, la fille unique de Louis de Lestranges ; Réné d'Hautefort prit le nom de Lestranges en signant sous ce seul
nom.

La troisième époque commence en 1579 et finit en 1790,
pendant laquelle diverses familles, mais alliées, ont possédé
le château de Boulogne.

PREMIÈRE ÉPOQUE

1° Adhémar comte de Valentinois est seigneur de Boulogne
  au milieu du XIIe siècle.
2° Aymard I son gendre à la fin du XIIe siècle : il était fils
  de Guillaume de Poitiers et épousa la fille d'Adhemar
  Philippe de Fay en 1165.
3° Aymard II son fils au commencement du XIIIe siècle.
4° Guillaume I son fils vers le milieu du XIIIe siècle.
5° Guillaume II son fils vers la fin du XIIIe siècle.
6° Hugon son fils vers 1310 ou 1320.

7° Guillaume III son fils en 1344 à la mort de son père.

8° Louis de Poitiers son parent qui hérita le château de Boulogne en 1366 de Guillaume de Poitiers comte de Valentinois.

9° Charles de Poitiers, son fils, en 1373 à la mort de son père.

Ainsi neuf seigneurs de cette famille ont occupé le château de Boulogne.

DEUXIÈME ÉPOQUE

1° Raoul ou Rodolphe de Lestranges est seigneur de Boulogne en 1384.

2° Guillaume son fils en 1427 à la mort de son père.

3° Louis I son fils en 1456 ou 1460.

4° Antoine son fils en 1480.

5° Claude son fils en 1510 ou 1520.

6° Louis II son fils en 1563 à la mort de son père.

Ainsi, six seigneurs de cette famille, de père en fils, ont possédé le château de Boulogne.

TROISIÈME ÉPOQUE

1° Réné d'Hautefort gendre de Louis de Lestranges de qui il épousa la fille unique Marie-Anne en 1579.

2° Claude Réné son fils est seigneur de Boulogne en 1621 à la mort de son père ; Paule de Chambaud sa femme lui apporta en dot la baronnie de Privas.

Claude-Réné d'Hautefort était donc baron de Privas et deBoulogne.

3° Paule de Chambaud sa femme est dame de Boulogne et de Privas en 1632 à la mort de son mari qui est livré au supplice à Alais en cette année 1632.

4° Charles de Seneterre marquis de Châteauneuf est seigneur de Boulogne en 1640 par son mariage avec la fille unique de Paule de Chambaud, Marie d'Hautefort de Lestranges.

5° Henri son fils en 1670 à la mort de son père.

6° Anne de Longueval de Crécy sa femme et sa veuve en 1671, lui mourant assassiné cette année-là.

7° Louis de Crussol marquis de Florensac devient baron de Boulogne et de Privas en 1688, en épousant Marie de Seneterre la fille unique d'Anne de Longueval de Crécy ; mais la justice de ces deux baronies échoit en 1680 à Just-François de Fay marquis de Gerlande en épousant Henriette de Bibianne, la sœur du marquis Henri Seneterre.

8° Louis-Armand Duplessis de Richelieu comte de Dangenois devient baron de Boulogne en 1722 à la mort de Louis de Crussol de Florensac, en épousant Anne-Charlotte, la fille de celui ci. Il était également baron de Privas, mais la baronnie de Boulogne retourne aux Gerlande en 1744 probablement à la mort de Louis-Armand Duplessis de Richelieu.

9° Charles-César de Fay marquis de Gerlande devient donc baron de Boulogne en 1744 mais n'est que seigneur de Privas et de Bourlatier. A Just-François de Fay de Gerlande avait succédé Claude-Florimond de Coisse de Gerlande qui épousa en 1740 Césariette de Fay de Gerlande petite fille de Just-François de Fay de Gerlande et Charles-César de Fay de Gerlande était fils de Claude Florimond de Coisse de Gerlande.

10° Marie-Charles-César de Latour-Maubourg devient baron de Boulogne en 1763 à la mort de son oncle, Charles César de Fay de Gerlande, mais sous la tutelle de son père le comte de Latour-Maubourg comme étant enceor mineur.

Ainsi avons-nous dix barons ou dames de Boulogne de 1579 à 1790.

Note sur le testament de Charles-César de Fay

MARQUIS DE GERLANDE

Ce seigneur est décédé le 30 mars 1763 et ses funérailles ont été faites le 2 avril suivant au couvent des Recollets. Son corps fut ensuite transporté par ordre du père prieur, son filleul, à Notre-Dame de Vanosc et placé dans un caveau de famille dans une chapelle de l'Eglise de cette paroisse. Le 30 avril suivant tous les parents de ce seigneur défunt sont assignés pour assister à l'ouverture de son testament clos, qu'il avait fait environ deux ans avant sa mort. Après lecture faite Marie-Charles-César de Latour-Maubourg son neveu et filleul, est déclaré seul héritier, mais étant encore mineur et c'est sous la tutelle de son père le comte de Latour-Maubourg, ainsi qu'il est dit plus haut.

Autres Notes sur le Château de Boulogne

C'est au commencement ou presque vers le milieu du 12ᵉ siècle qu'eut lieu la fondation du château de Boulogne. Le premier seigneur connu de nom est Adhémar comte de Valentinois et peut-être en est-il le fondateur. On veut en faire remonter la fondation au temps de Charlemagne, mais rien ne l'indique ; du moins une tradition laisse supposer qu'en premier lieu il n'y avait seulement que la grande tour carrée avec un viaduc à deux arches pour y arriver, comme ayant été élevée sur un mamelon et que les trois autres tours cylindriques construites tout autour pour la défendre ne le furent que bien plus tard dans le 11ᵉ siècle et même au commencement du suivant, c'est-à-dire environ trois siècles après la grande.

La création de la paroisse de St-Michel-de-Boulogne au 8ᵉ siècle, dont l'église était tout près de la grande tour carrée et d'une des trois tours cylindriques et dans l'enceinte du château par la suite, nous fonderait sur la tradition émise ici, mais aucun fait,. aucun nom ne vient l'appuyer.

Revenant aux seigneurs de Boulogne après Adhémar, le premier connu de nom, on peut suivre la filiation sans interruption. Ainsi, à partir d'un peu avant le milieu du 12ᵉ siècle jusqu'à 1384, année que noble Raoul de Lestranges acheta ce château de Boulogne de messire Charles de Poitiers, chevalier seigneur de St-Vallier, neuf seigneurs appartenant à la famille de Valentinois-Poitiers ont occupé ce château, savoir : 1° Adhémar, presque au commencement du 12ᵉ siècle; 2° Aymar, son gendre, à la fin de ce siècle ; 3ᵉ Aymar II, son fils, au commencement du 13ᵉ siècle ; 4° Guillaume, son fils, vers le milieu de ce siècle. En 1250, il est par lé des libéralités de la comtesse de Valentinois, sa femme, pour la chartreuse de Bonnefoy et pour l'Eglise paroissiale de St-Etienne de Boulogne à l'époque de la création de cette paroisse ; 5° Guillaume II, le fils du précédent et seigneur de Boulogne à la [fin du 13ᵉ siècle et au commencement du suivant ; 6ᵉ Hugon ou Guigon son fils en 1320. Il reçoit à cette époque les reconnaissances de Jean, d'Etienne et de Catherine Gourdon, frères et sœur et héritiers de Durand Gourdon leur père ; il reçoit encore la reconnaissance de Jean Robert, fils d'Etienne du lieu de Vernac, tous de la paroisse de Gourdon. Ces reconnaissances furent. renouvelées en 1344 en faveur de Guillaume III, son fils unique et héritier universel. Ce dernier est cité parmi les témoins d'un acte passé à Aubenas en 1344, année qu'il devint seigneur de Boulogne à la mort de son père ; il est le 7ᵉ seigneur connu de Boulogne ; suivent plusieurs reconnaissances faites en sa faveur de 1344 à 1366 ; Louis de Poitiers qui hérite le château de Boulogne de Guillaume III, son parent en 1366 en est le 8ᵉ seigneur et Charles de Poitiers, son fils, le 9ᵉ, de 1373 à 1384. Suivent les reconnaissances faites en sa faveur et ensuite la vente du château de Boulogne en 1384.

NOTA. — Aux premières notes, il est dit que Louis de Poitiers hérita le château de Boulogne en 1314 et que Charles, son fils, lui succéda en 1349; c'est au contraire en 1366 et en 1373 et ces époques sont certaines.

Noble Raoul ou Rodolphe de Lestranges, seigneur de Boulogne en 1384, suivent les reconnaissances faites en sa faveur en 1395 et années suivantes.

Suit la transaction de 1428 passée entre Guillaume de Lestranges, son fils, et les habitants du mandement de Boulogne.

Guillaume de Lestranges fait ascensement d'un pré à Etoile et d'une terre au terroir de Chataigneraie pour Bontoux Montanier, reçu Pons Dupré, notaire en 1452.

Noble Jean de Lestranges, frère d'Antoine qui devint seigneur de Groson en 1480, épousa Clauda de Pierregourde et eurent un fils qu'ils appelèrent Louis.

A l'époque que noble et puissant seigneur Antoine de Lestranges fils de Louis, fit convertir en prairie (c'était vers la fin du 15e siècle) une grande partie des terrains situés au quartier du Chambon dans la vallée de Lescrinet, sur la rive gauche de la rivière de Luol, paroisse de StEtienne de Boulogne, les habitants des hameaux de Gousis et de Taupenas à qui ces terrains appartenaient et qui échangèrent avec le seigneur pour d'autres terrains situés au quartier du Champroux ou Rouchamp sont : Mondon et Guillaume Gousy, Antoine Vincens, Jean et Clauda Robin, Jacques Conquiste et Jean Morel. Cette prairie, qu'on appela à l'avenir Laprade du Seigneur et que messire Charles de Seneterre, marquis de Châteauneuf fit clore en 1644, fut vendue en 1787, peu avant la révolution par le marquis de Latour-Maubourg, comme nous le verrons plus loin.

Suivent les nombreuses reconnaissances faites en faveur de noble et puissant seigneur Antoine de Lestranges en 1480 et années suivantes.

Suit le procès intenté en 1464 par les habitants du mandement de Boulogne à leur seigneur Louis de Lestranges, fils de Claude de Lestranges, conseiller du roi ainsi que la transaction passée enlte eux laquelle ne fut que la ratification pure et simple de celle passée auparavant en 1483.

Noble Louis de Lestranges avait pour écuyer un nommé François de Chambaud et pour fondé de pouvoir et receveur des rentes un nommé Pol Dumas. Tous les deux sont cités comme témoins dans un testament de Guillaumette de Poinsac, dame de Latour-Poinsac, femme d'Antoine de Pouzols, écuyer-seigneur de Latour ; lequel testament fut fait au château de Boulogne, le 9 avril 1569 et reçu par Antoine Arnaud, notaire. La testatrice qui était une parente du seigneur Louis de Lestranges, était couchée en une chambre haute du château et en danger de mort par suite de ses couches, ayant mis au monde une fille. Elle donna ses biens à son mari et à ses cinq enfants. Les autres témoins à ce testament furent : Jacques Falgon, docteur en médecine, Antoine Reynet, apothicaire, tous les deux d'Aubenas, Antoine Famellet, praticien de Boulogne et Antoine Lalberte de Vesseaux, tous signés excepté ce dernier, étant illettré.

Antoine Exbrayat, prieur de la petite paroisse de St-Michel de Boulogne au commencement du 17ᵉ siècle au temps de Réné d'Hautefort de Lestranges, gendre de Louis de Lestranges, desservant aussi celle de St-Etienne-de-Boulogne, il y percevait les rentes ecclésiastiques.

Au temps de Paule de Chambaud, dame de Boulogne, vicomtesse de Privas et de Cheylane, veuve de Claude Réné d'Hautefort de Lestranges fils de Réné, les nommés Claude Doize et Florie Dusserre, sa femme, Antoine Vincens et Blaise Barbe, sa femme, Guillaume Chaussadent, fils de Jean, François Chabannes, fils de Jean, Jacques Chabannes, fils d'Etienne et Charles Sabatier, fils de Jacques, tous habitants de Pramaillet, paroisse de St-Etienne de Boulogne, font une reconnaissance reçue par Marius Brousse, notaire à Aubenas, le 15 octobre 1637, en faveur de messire Jean-Baptiste d'Ornano de Montlaur, conseiller du roi en ses conseils d'Etat et premier chevalier de ses ordres, colonel général des Corses, capitaine de cent hommes d'armes, gouverneur des villes et citadelles du St-Esprit, St-André, le Pont de l'Arche et Honfleur, capitaine-lieutenant de la compagnie de gendarmes de monseigneur le duc d'Orléans, frère du roi, premier gentilhomme de la Chambre, surintendant et général pour sa majesté au gouvernement de Normandie et maréchal de France, seigneur de St-Laurent-sous-Coiron et d'Aubenas, cette reconnaissance consistant en deux chevreaux recevables et bons à manger, payable à madame d'Ornano de Montlaur, maréchale dame de St-Laurent et d'Aubenas, cense annuelle que recevait son fondé de pouvoir Pierre Laurent, procureur-juridictionne au mandement et juridiction de St-Laurent, pour avoir lesdits habitants la faculté d'aller abreuver leur bétail aux fontaines de la Doux, de Lavalette et autres eaux situées audit St-Laurent.

Une autre reconnaissance avait eté faite par Joseph Lascombes de Pramaillet, le 7 novembre 1715 et reçue par Simon Marcon, notaire de Grospierres et en faveur de dame Marie-Victoire de Rochefort, dame de St-Thomé, veuve héritière de feu messire Charles-Césard de Lagarde de Chambonnas, seigneur deSt-Thomé et de St-Laurent-sous-Coiron. Cette reconnaissance est le renouvellement d'une faite auparavant par Guillaume Constant dudit Pramaillet un devancier de Joseph Lascombes à noble Laurent de Rochessauve, seigneur de St-Laurent-sous-Coiron et reçue par Fontagne, notaire, le 6 avril 1425.

Charles de Seneterre, marquis de Châteauneuf, qui avait épousé Marie d'Hautefort de Lestranges, fille unique de Paule de Chambaud, eut trois enfants: Charles-Henri qui devint abbé prieur de Vesseaux en 1688 ; Henri qui épousa Anne de Longueval de Crécy et qui fut tué en 1671, à l'âge de 27 ans ; et Henriette Bibianne qui épousa en 1680 Just-François de Fay, marquis de Gerlande.

Anne de Longueval de Crécy était originaire du château de Vaulx en Artois (Pas-de-Calais) que possédaient les seigneurs de Longueval. Un membre de cette famille Hugues de Longueval, du château de Longueval en Senterre, dans la commune de ce nom (Somme) avait acquis le château de Vaulx, de Simon de Gomélia et de Jean de Vaulx, qu'ils possédaient par indivis en 1445. L'abbé de Lagny du département de la Somme, qui a écrit une histoire en deux volumes sur l'arrondissement de Péronne, parle assez longuement de cette famille. Anne de Longueval de Crécy avait pour son fondé de pouvoir un nommé Philippe Dubois, bourgeois de Paris, et pour procureur fiscal et receveur des rentes un nommé Jacques Marion, ancien capitaine qui s'était venu fixer et marier à Auzon, dans la paroisse de St-Etienne de Boulogne.

Just François de Fay, marquis de Gerlande qui devint seigneur de Boulogne par sa femme Henriette Bibiane de Seneterre, était en se mariant seigneur de Bourlatier. Le château de Bourlatier dont les restes se voient encore, a existé jusqu'à la révolution.

Suit un document tiré de la cour ordinaire de Boulogne.

Voici d'autres documents émanant de la même cour.

Du samedi 9 octobre 1688 en la ville d'Aubenas, pardevant Joseph Puech, juge-commis en la baronnie de Boulogne.

L'an 1688 et le 9ᵐᵉ du mois d'octobre, nous soussigné, procureur général de l'Ordre de Notre-Dame de la Merci pour la rédemption des captifs dans le diocèse de Viviers, en vertu de ma commission et arrêt du Conseil privé du Roi, arrêt du parlement de Toulouse du 9 décembre 1667, arrêt de la Cour des comptes, aides et finances de Montpellier du 29 juillet 1665, enregistrement des Sénéchaux et du mandement de monseigneur l'évêque et comte de Viviers, avons établi Charles et Jacques Tirand pour marguilliers et quêteurs pour la rédemption des captifs dans le lieu et paroisse de St-Julien Dorcival autrement dit Marcolx en Boutière, diocèse de Viviers, habitants de la paroisse de St-Andéol de Bourlenc, mandement de Boulogne, pour faire la quête tous les dimanches et fêtes de l'année dans ladite paroisse de Marcolx au temps des moissons et récoltes, en

allant de maison en maison dans toute l'étendue de la paroisse et accompagnés des religieux de l'ordre de la Mercy.
Le produit des quêtes devant être remis au supérieur de
l'ordre Raymond Bernardes à Aubenas ; les quêteurs étant
munis d'une pièce en bonne et due forme et revêtue des
sceaux et signatures du juge et du supérieur de l'ordre.

Du mardi 21 avril 1692 en la salle ordinaire des audiences,
par devant Jacques Fayon, bailli en la baronnie de Boulogne.

Un ordre dans la même forme que le précédent fut donné
à Jean Vernet de St-Andéol-de-Bourlenc du mandement de
Boulogne pour faire la quête les dimanches et fêtes ainsi
que toutes les fois qu'on célébrerait l'office divin en la chapelle de Notre-Dame-des-Lumières construite tout près de
la ville d'Aubenas.

Ajoutons que de cette chapelle il ne reste aucune trace,
et cependant elle existait à la fin du 17e siècle.

Du mardi 9 novembre 1694, par devant Jacques Fayon,
bailli, en la salle ordinaire des audiences au château de Boulogne.

Extrait des registres du Sénéchal de Beaucaire et de
Nimes.

Hector de Montemard, seigneur de..., baron de La-
pierre, marquis de Monfruy, chevalier et conseiller du Roi
en ses conseils, marechal de Camp, sénéchal de Beaucaire
et de Nimes. Il y est parlé de la révision des patentes ayant
été délivrées par Sa Majesté et par arrêt de la Cour souveraine du parlement de Toulouse et du Sénéchal de Beaucaire et de Nimes en 1645 et en 1662, aux pères de la ré-
gulière observance de St-François de la province de St-
Louis en Languedoc, par lesquelles les frères mineurs de la
dite observance sont préposés pour faire la quête dans toutes
les paroisses de la province. Il fut établi pour la paroisse de
St-Etienne de Boulogne dans le diocèse de Viviers, Noë-
Goy, du lieu d'Auriolles, pour exercer les fonctions de mar-

guillier, en compagnie des frères mineurs de l'ordre et étant munis d'une pièce en due forme revêtue des sceaux de la cour ordinaire de Boulogne et du supérieur de l'ordre et des signatures. L'arrêté ou acte de 1662 porte la signature de Rosel, lieutenant principal expert.

Du mardi 1er août 1688, par devant Jacques Fayon, bailli en la baronnie de Boulogne, un office de marguillier fut donné à Michel Tirand, de St-Andéol de Bourlenc pour faire la quête pour la rédemption des captifs dans la paroisse de St-Priest, près de Privas, pendant les dimanches et fêtes de l'année.

Le mardi suivant 8 août, le nommé Jean Jullien, de la paroisse de St-Andéol de Bourlem est également établi marguillier dansla paroisse d'Issamouleuc. Les pièces dont ils sont munis sont aussi revêtues des sceaux et signatures du juge et du père Raymond Bernardis, supérieur.

Extraits divers de la cour ordinaire de Boulogne, du mardi 29 mars 1691, en la cour ordinaire de Boulogne.

En la cause criminelle de Mathieu Delubac, du lieu d'Auzon, paroisse de St–Etienne de Boulogne, Jacques Marcon, procureur fiscal poursuivant pour le requérant, la réparation du meurtre commis en la personne de Marguerite Charbonnier, femme dudit Delubac, contre noble Louis de Bénéfice-Despinat, fils de noble Louis de Bénéfice et de Françoise Despinat de St-Meurit, du lieu d'Auzon.

La prise de corps ayant été ordonnée par exploit du 29 janvier précédent et la perquisition à son domicile ayant été faite le 24 février suivant, ne l'ayant pas trouvé, il a été sommé de comparaître cedit jour 29 mars, devant le bailli, en la cour ordinaire de Boulogne, à l'effet de se constituer prisonnier, ordre sera créé à huitaine selon les formes prescrites et maître Marcon, procureur fiscal en matière de juridiction, est chargé de la poursuite, le coupable ne s'étant pas rendu, n'ayant pas obéi à la sommation qui lui a été faite.

Après avoir mandé François Coste, concierge en nos prisons et après avoir assuré, les mains mises sur les saints évangiles que ledit Despinat ne s'était pas constitué prisonnier, des ordres ont été donnés en conséquence.

Du mardi 17 mai 1692, par devant Me Larmande, notaire et lieutenant de bailli au lieu ordinaire des audiences.

Entre Philippe Dubois, bourgeois de Paris, procureur dûment fondé de dame Anne de Longueval de Crécy, veuve de messire Henri de Seneterre, dame de Boulogne et autres lieux, dûment collationné, tendant à ce que Claude Gleysal dit Vallier, du lieu de la Conchy, paroisse de St-Etienne de Boulogne soit condamné à payer à ladite dame la somme de deux livres six sols pour arrérages de rentes dus par les hoirs et lieutenants de Vidal, Tiraud suivant les reconnaissances et les divers actes de partage ayant été précédemment faits entre les Tirand, etc...

Suit le prononcé du jugement qui condamne ledit Gleysal à payer la rente et les frais du procès s'élevant le tout à quatre livres dix sols six deniers.

Du mardi 4 décembre 1692, par devant Jacques Fayon, bailli en la baronnie de Boulogne.

Sur la plainte de Catin Soulier, fille ayant été au service de Louis Chaussadent du lieu des Fargiers, paroisse de Vesseaux, Charles Chaussadent fils à Louis, l'ayant rendue enceinte et s'étant accouchée, Louis et Charles Chaussadent père et fils se voient condamnés à payer à ladite Soulier deux livres par mois pendant six mois pour nourrir et entretenir son enfant.

Ajoutons qu'à cette époque les nourrices étaient payées ordinairement à raison de 3 livres par mois.

A cette époque eut lieu le mariage de Louis de Crussol, marquis de Florensac, avec Marie de Seneterre, lequel devint baron de Boulogne et de Privas, ces deux baronnies ayant formé la dot de sa femme ; mais la justice resta à Just François de Fay, marquis de Gerlande, ayant épousé en 1680 Henriette Bibiane de Senneterre, une tante à Marie de Seneterre.

Louis Armand de Vigneret et Duplessis de Richelieu, comte de Dangenois, prince de..., ayant succédé à Louis de Crussol, marquis de Florensac par son mariage avec la fille de celui-ci, Anne-Charlotte, en 1722, avait pour fondé de pouvoir le comte de Banne et pour sous-fondé de pouvoir un nommé Antoine Fauvel, résidant tous les deux au château de Boulogne, lui demeurant ordinairement à Paris.

Le 20 mars 1725, ledit Fauvel afferme la maison de Charre avec la moitié du jardin du parc à un nommé Pierre Faure de Vesseaux, mais habitant à la maitairie de Lacombe, au prix de 70 livres par an ; et le 4 janvier 1729, il l'afferme à un nommé Chabert également de Vesseaux, au prix de 65 livres par an.

Le 27 février 1729 ledit Fauvel afferme la métairie du Gras avec les moulins à moudre le blé (château ou métairie de Lamothe) à un nommé Antoine Barratier, de Vesseaux, au prix de 140 livres par an.

Le 7 mars 1729, il afferme la métairie de Lacombe (château de Lacombe) audit Pierre Faure, au prix de 137 livres par an.

Le 11 mars 1729, le pré de la Roche situé au lieu de La Conchy, paroisse de St-Etienne de Boulogne, est affermé par ledit Fauvel à un nommé Etienne Delubac, fils à Louis, du lieu des Ricnards, dudit St-Etienne, au prix de 110 livres par an, ledit Delubac devant de plus avoir les feuilles des chênes ; le montant de la ferme devant être payé à la Toussaint, audit Fauvel.

La métairie de Charensac est affermée à un nommé Jacques Mounier, de Vesseaux, au prix de 85 livres par an, bail reçu par Pierre Pison, notaire, le 14 mars 1735 ; les autres baux ayant été reçus par Jean Thaulamesse Prinsard, en leurs dates.

Le prix de tous ces baux, à un demi siècle de distance, augmentèrent beaucoup comme on le verra plus loin.

La baronnie de Boulogne ayant fait retour à la famile des de Gerlande en 1744, après la mort de Louis-Armand de Vigneret Duplessis de Richelieu, beaucoup de reconnaissances furent faites en faveur de Charles César de Fay, chevalier, marquis de Gerlande, comte de Moncha, vicomte de Lestranges et de Cheylane, baron de Boulogne, seigneur de Privas, Bourlatier et autres lieux, en 1745 et années suivantes. Citons celle de Michel Artige du lieu de Taupenas, paroisse de St-Etienne de Boulogne, en date du 3 mars 1748. Il reconnaît sa maison et son entier domaine composé de divers immeubles séparés qu'il possède audit lieu de Taupenas et pouvant avoir alors une contenance de 18 à 20 hectares d'aujourd'hui. La rente ou cense qu'il devait en denrées au seigneur consistait en froment, seigle, avoine, vin, chapon, galline, journées et argent, le tout ayant à cette époque une valeur approximative de 25 à 30 livres. La taille qu'on devait au roi ou à l'Etat et que percevaient les collecteurs ou exécuteurs des deniers royaux chaque commune ayant le sien, était à peu près égale, ce qui, le tout, pouvait s'élever à 50 ou 60 livres par an. Un domaine de cette contenance payerait aujourd'hui en y comprenant les diverses contributions dont nous sommes frappés, cotes mobilière, personnelle, portes et fenêtres, foncière, impôts sur chevaux et voitures, chiens, journées de prestation, et enfin patentes pour les industriels et commerçants, le tout environ de 150 à 170 francs. Si l'ancien régime avait du défectueux, ce qu'il avait de bon, du moins, le peuple n'était pas accablé d'impôts comme aujourd'hui, on donnait peu et on donnait des denrées au seigneur et au prieur de la paroisse que l'Etat ne payait point. L'église de chaque paroisse avait un patrimoine qui rétribuait le prieur assez largement, les dîmes qu'on lui devait étaient ordinairement peu de chose, dans bien des paroisses, c'était bien moins que le dixième de ce que le propriétaire récoltait.

Le marquis de Gerlande qui ordinairement habitait Privas, fit élever vers le milieu du siècle précédent dans cette toute petite ville une élégante demeure seigneuriale qui devint, après la révolution et est aujourd'hui l'hôtel de la préfecture. Son ancienne habitation qui n'est autre que le collége actuel de Privas devint un couvent de Récollets. Dans ce bâtiment a siégé le tribunal civil, la cour d'assises avant la construction du palais de justice. C'est dans ce couvent de Récollets qu'eurent lieu les funérailles du marquis de Gerlande, le 2 avril 1763, étant décédé le 30 mars avant à Privas. Deux ans avant sa mort il avait fait un testament clos qui fut ouvert le 30 avril suivant, en présence de tous ses parents, ayant été assignés pour en entendre la lecture. Il avait institué pour héritier universel, à l'exclusion de tout autre son neveu et filleul, Marie Charles César de Fay, marquis de Latour-Maubourg et de Gerlande qui fut, lorsqu'il fut majeur, baron de Boulogne, seigneur de Privas, de sainte Sigolène, Lignon, Chabrespine, Labatie et autres lieux qui fut encore maître de camp du régiment de Beaujolais et du Soissonnais. Une clause du testament nomme le comte de Latour-Maubourg son père, tuteur et administrateur de tous ses biens pendant sa minorité.

Le marquis de Latour-Maubourg devenu majeur, choisit pour son fondé de pouvoir Me Jean Antoine Guérin, seigneur de Vaneilles habitant à Privas, suivant une procuration reçue Me Laroche, notaire de Lamothe Galaure, en sa date et collationnée.

En octobre 1779, ledit Guérin, muni de cette procuration, afferme suivant plusieurs baux reçus Me Antoine Prinsard, notaire à St-Michel de Boulogne, et après s'être adjoint Jacques et Pierre Maurin frères, et Jean Antoine Faure dudit Boulogne, comme fermiers généraux de toutes les métairies et terres du château de Boulogne, au prix de six mille livres par an, savoir :

La métairie de Lacombe-Charensac, au prix de 460 livres par an, avec des chapons, des allouettes, du beurre, des châtaignes, fraîches et sèches, etc , à un nommé Antoine Guérin du Cerisier, paroisse de St-Etienne de Boulogne.

Celle de Charre avec le jardin du parc tout près du château, au prix de 246 livres par an et plusieurs douzaines d'alouettes à un nommé Hilaire de Gamillon, également de St-Michel de Boulogne.

Celle de Lamothe avec les moulins à moudre le blé au prix de 456 livres et plusieurs douzaines d'alouettes à un nommé Pierre Chabannes, du lieu d'Arbres, paroisse de St-Etienne de Boulogne.

Celle dite du château, y compris le pré de Rentiol, au prix de 265 livres et aussi avec des alouettes à un nommé Pierre Combe, dudit Boulogne.

Enfin le pré appelé La Pradette, situé au quartier de ce nom, paroisse dudit Boulogne, au prix de 135 livres et aussi avec des alouettes, à un nommé Vieux de Méraville, de la même paroisse.

Il paraît qu'on prenait aux trappes des alouettes à foison, et qu'à cette époque elles ne valaient que un ou deux sous la douzaine.

Il serait à désirer qu'il y en eût autant en abondance aujourd'hui qu'alors, les gourmands les payeraient bien moins la douzaine et on en mangerait davantage.

A propos des métairies et terres du château de Boulogne, tout fut vendu avant la révolution en 1786, 87 et 88 par ledit Mᵉ Guérin, habitant à Privas, avec les pleins pouvoirs dont l'avait nanti le marquis de Latour-Maubourg en résidence en son hôtel à Paris et les actes de toutes ces ventes furent reçus par Teyssonnier-Descros, notaire à Privas, à cette époque, savoir :

La métairie de Lacombe-Charensac (château de Lacombe) situé dans la paroisse de St-Etienne de Boulogne, y compris Lapradette, pré situé dans la paroisse de St-Michel de

Boulogne, au prix de vingt mille livres, à M⁰ Antoine Prinsard, notaire audit Boulogne.

La métairie de Lamothe ou le Gras (château de Lamotte) avec les moulins à moudre le blé, dans la paroisse de St-Michel de Boulogne, y compris un pré appelé Talardie et une terre appelée le Plantier, sur le territoire de la paroisse de St-Andéol de Bourlenc, au prix de neuf mille livres à un propriétaire de Vesseaux nommé Blaise Doux.

La métairie de Charre tout près du château avec celle dite du Château furent aussi vendues, mais nous n'avons pas eu connaissance du prix de chacune.

La Prade du seigneur située dans la paroisse de St-Etienne de Boulogne fut vendue au prix de vingt mille livres à Antoine Comte, de Vesseaux, qu'un des descendants, M. Albert Comte, rentier à Privas, possède aujourd'hui.

Enfin, le pré de la Roche situé audit St-Etienne de Boulogne, terroir de la Conchy, lequel avait été affermé en 1779 aux nommés Jean Maza et Pierre Agier, dudit lieu, au prix de 360 livres par an, avec six douzaines d'alouettes, fut vendu à Blaise Doux, l'acquéreur de la métairie de Lamothe, mais sans en connaître le prix.

A la Révolution, il ne restait au marquis de Latour-Maubourg que son château dont on contemple aujourd'hui les ruines et qui fut vendu par l'Etat en 1794 comme ayant appartenu à un émigré. Nous avons raconté les scènes qui eurent lieu dans son enceinte après la prise de la Bastille, le 14 juillet 1789, entre les gardiens du château et les habitants de St-Etienne et de St-Michel de Boulogne, ceux-ci ayant à leur tête les consuls des deux paroisses.

A PROPOS DE BOULOGNE

Boulogne doit son étymologie à ce qu'un comte de Valentinois, originaire du Boulonnais, vint se fixer dans ce pays au 7me ou 8me siècle et fut le fondateur de la grande tour carrée du château construite sur un mamelon avec un viaduc à deux arches pour y arriver, auquel château il donna le nom de Boulogne (Bolonia). J'appuie cette assertion sur ce que le nom de chaque hameau des communes de St-Michel, St-Etienne de Boulogne, Vesseaux et autres est venu d'un nom d'homme, c'est-à-dire du premier habitant qui a élevé sa maison. Aussi, à St-Michel, Massiol, Fougerolles, Echaravil, le Vernet, le Cerisier, Miravil'e, Lhomme, etc,. sont des noms connus, quoique la plupart des familles qui les portaient n'existent plus aujourd'hui. Il en est de même à St-Etienne, la Charre, la Conchy, Auzon, Auriolles, le Pradal, Taupenas, Gousy, les Richards, etc., et à Vesseaux la Bouisse, Chamoux, le Fex, Chauliac, les Audiberts, Lauberte, Béradoux, les Saumiers,. etc., sont aussi des noms connus, la plupart existant encore aujourd'hui ; d'où on peut conclure et beaucoup de personnes seront de mon avis, que Boulogne, nom que n'a porté aucune famille dans nos pays, est tiré de Boulogne-sur Mer ou du Boulonnais. La paroisse de Boulogne comme celle de St-Etienne, a fait partie de celle de Vesseaux, qui était un des plus grands prieurés du diocèse de Viviers. A l'époque de la création de la paroisse de St-Michel au 8me siècle, à laquelle on donna ce nom, on y ajouta celui du château qui était Boulogne. Il se peut aussi que lorsque fut élevée cette tour dans ces lieux agrestes, on pensa d'y créer une paroisse

AUTRES NOTES SUR LE CHATEAU DE LACHAMP

Ce que nous avons à ajouter concerne d'abord Jean et Louis Taupenas, oncle et neveu, et prieurs de la paroisse de Boulogne à la fin du 15ᵉ siècle et du suivant. Jean fit comme ses prédécesseurs, une reconnaissance reçue Robert, notaire, au prieur de Vesseaux, relativement aux cens et rentes que celui-ci avait droit de percevoir dans la paroisse de St-Etienne. Cette paroisse, comme on sait, faisait partie de celle de Vesseaux et en fut détachée vers le milieu du 13ᵉ siècle, et c'est de là que venait le droit qu'avaient les prieurs de Vesseaux d'y percevoir des rentes.

Le 5 mai 1492, Jean Taupenas, prieur, fonde la chapelle des onze mille vierges dans l'église de St-Etiennne de Boulogne, par acte reçu Sabatier, notaire. A cette chapelle fut attaché pour le recteur, un patrimoine qui, au siècle précédent, valait par an 250 livres ; c'était le revenu de la chapelle. Joseph Exbrayat, seigneur de Lafayette, prieur curé de la paroisse de St-Andéol-de-Bourlenc et Etienne Laffont, dudit lieu, en étaient les titulaires au commencement du 18ᵉ siècle. Le 5 mai 1729 ils nommèrent pour recteur de cette chapelle avec l'assentiment de l'évêque de Viviers, le prieur de la paroisse de St-Julien de Serre de cette époque qui était Etienne Guérin, originaire du lieu de Cerisier, paroisse de St-Michel de Boulogne.

Vient ensuite la famille de Malhians ou Maillans. Pons Malhians était seigneur de Lacombe vers le milieu du 14ᵉ

siècle ; il eut pour successeur Guillaume Combe ou Lacombe. On perd la trace de la famille de Malhians durant
tout le 15ᵉ siècle ; on les retrouve seulement en 1494.

Un noble Antoine de Malhians habitait à cette époque à
St-Andéol de Bourleuc.

En 1522, un Barthélemy Mahlians, prêtre, fait son testa-
ment en faveur de ses deux neveux Claude et Antoine de
Malhians, testament reçu par Nicolas Marcou, notaire de
Vals.

En 1540, une Jeanne de Malhians, fille de Claude, épouse
Antoine Nogier d'Asperjoc, contrat reçu par le même notaire.

En 1541, Etienne de Malhians, fils de Claude, contracte
également mariage avec Antoinette Justet de Vals, reçu
par le même notaire.

En 1545 Claude de Malhians fait un testament qui fut
reçu par Rochier, notaire d'Aubenas.

En 1551 Clauda de Malhians, fille de Claude, épouse Jean
Damas d'Entraigues, contrat reçu par Salomon, notaire
dudit lieu.

En 1560, Antoinette de Malhians épouse André Vinholle
fils de Pierre, contrat reçu par Terrier, notaire de Vals.

En 1569 un Claude de Malhians, fils d'autre Claude se
marie avec Françoise Delubac, fille de Pierre de Fontbonne
et de Gabrielle Bernard, contrat reçu par Dumas, notaire
d'Aubenas.

En 1571, un Valentin de Malhians épouse Marguerite
de Pouzols, fille d'Antoine et de Guillaumette de Poinsac,
dame de Latour, contrat reçu par on ne sait quel notaire.

Ce fut noble Louis de Malhians, fils de Claude et de Françoise Delubac, qui devint seigneur de Lachamp au commencement du 17ᵉ siècle, et succéda à noble Gabriel de Sanglier,
seigneur de Cachard. (Aux premières notes, il est dit vers
1625, mais c'est bien plus tôt). (Ce n'est pas noble Pierre de
Bouvier qui doit être qualifié du nom de Charendon, c'est

au contraire noble Louis Gaspard de Malhians, le fils de noble Claude Louis de Malhians et de Marguerite Duroux).

Vient après noble César Desfages qui est le successeur de noble Pierre de Bouvier, au commencement du 18e siècle. Noble Antoine Desfages, son fils, lui succéda en 1725.

Noble Guillaume Desfages succéda également à son père, noble Antoine Desfages, en 1741, et noble Esprit François Desfages succède à Guillaume, son père, en 1784. Aussi avons nous quatre seigneurs de Lachamp de ce nom au lieu de deux, comme il est dit aux premières notes.

Un membre de cette famille, noble Jean César Desfages, était juge bailli au château et baronnie de Vogué en 1750. Il possédait un domaine au lieu de la Conchy, paroisse de St-Etienne de Boulogne, qu'il donnait à mi-fruits avec une paire de bœufs pour le travail.

VESSEAUX

Vesseaux a une population de 14 à 1,500 âmes. Dans cette commune passe en descente dans la direction du Nord-Est au Sud-Ouest la route nationale de Privas à Aubenas. Les vers à soie et les marrons sont sa principale richesse, les marrons surtout, étant dits de Lyon. Mais à propos de ce dernier produit, d'autres marrons autant estimés et même plus sont récoltés ailleurs et font délaisser ceux de Vesseaux. La vigne qui donnait abondamment du vin et qui était aussi une richesse pour ses habitants, y a presque entièrement disparu. Comme partout ailleurs, on y fait l'essai de ces plants américains qui promettent de produire; on peut citer M. Adolphe Laselve, qui le premier les y a introduits et qui se livre avec soin à cette culture. Vesseaux n'a pas de prairie, on ne peut y élever que bien peu du même bétail; là où l'on récolte du fourrage en abondance, ce qui permet d'élever toute sorte de bétail, là aussi est la principale et véritable richesse pour l'agriculteur aujourd'hui.

Cette commune possède un bureau de poste qu'on créa il y a une dizaine d'années. Elle possédait aussi depuis plus d'un demi-siècle un couvent de religieuses de St-Joseph, lequel a été depuis peu transféré à Aubenas, cette communauté y ayant fait élever un bel et vaste établissement. On a construit tout récemment au chef-lieu de canton de cette commune une maison d'école que l'on peut dire monumentale. Ce n'est pas que le local manquât pour écoles à Vesseaux, mais c'est, dit-on, le progrès et l'esprit du gouvernement qu'il faut suivre, puis, ne faut-il pas laisser agir les petits politiciens et ambitieux des communes ? A mon avis, on eût bien mieux fait de construire une maison d'école pour les hameaux situés en haut de Vesseaux comme à Chauliac, par exemple, c'était logique, la population y était assez considérable et à une assez grande distance du chef-lieu ; cependant, c'est ce qu'on a fait dans beaucoup de communes. Avec des projets mal conçus et pas à leur place, et des dépenses superflues, on parvient à se faire écraser d'impôts pour longtemps. Au lieu d'employer l'argent des contribuables et beaucoup en constructions inutiles, la municipalité de Vesseaux en dépensant moitié moins, eût bien mieux fait de faire faire un chemin vicinal pour desservir ces hameaux situés sur le versant méridional de la montagne du Taille (1), desquels les habitants, pour arriver de chez eux à la route nationale ou au chef-lieu ont, pour la plupart, comme on dit, des chemins de chèvre à parcourir. La municipalité de cette commune a manqué de tactique, n'a pas du tout compris les vrais besoins de ses administrés. Il ne faut pas tout à fait se laisser conduire par l'autorité gouvernementale, il faut savoir conserver son esprit d'action et de liberté, savoir envisager le véritable bien, ce qui est de toute nécessité et très utile, surtout lorsqu'il s'agit de l'intérêt de tous.

(1) C'est sur ce versant qu'est situé le château de Lachamp, habité aujourd'hui par deux ou trois propriétaires de Vesseaux.

Autres Notes sur le Château de Corbières

Ce que nous avons à ajouter concerne les seigneurs de Fourchades et de Fayon.

Noble Heugues ou Hugon de Fourchades, qui était seigneur de Corbières et co-seigneur d'Ajoux, était aussi seigneur de Fourchades. Le château de Fourchades dont les restes existent encore aujourd'hui, était situé dans la commune de Fourchades. Heugues de Fourchades avait une fille nommée Isabelle qui en 1358 épousa Giraud de Montagut, seigneur de Latour ; il avait aussi un fils nommé Pierre de Fourchades qui était qualifié de chevalier.

Les nobles seigneurs de Goy qui possédèrent pendant longtemps le château de Corbières, étaient aussi seigneurs de St-Laurent-sous-Coiron.

Noble Louis de Fayon, qui était juge bailli au château de Boulogne, à la fin du 17e siècle, était seigneur de Gourdon et de Verdus ; il était fils de Jacques de Fayon, baron Dallier et Montbrun et seigneur de Berzème, St-Gineys, le Clapt et Verdus.

GOURDON

Gourdon a une population d'environ 600 âmes. Avant la Révolution, elle avait son chef-lieu sous la Roche de Gourdon, montagne qui a environ 1,100 mètres d'altitude.

L'abbé Mounier, qui était un enfant de cette paroisse, en était curé prieur lorsqu'arriva la terreur. Il dut, comme bien d'autres prêtres, se cacher pendant la tourmente révolutionnaire. A l'époque du Concordat, comme l'Eglise de Gourdon menaçait ruines, il choisit Laplanche pour chef-lieu, hameau situé dans la vallée de la rivière de ce nom, et convertit en église provisoire un bâtiment d'exploitation qu'un propriétaire voulut lui céder. On y a construit depuis, d'abord une église, puis, tout récemment, une maison d'école, cette commune n'ayant ni l'une ni l'autre. Deux autres maisons d'école y ont été construites, l'une au hameau de Vernac et l'autre à celui de Chabannes, ce dernier étant sur le versant oriental de l'Escrinet et tout près de la route nationale d'Aubenas à Privas. La route départementale de la Grange de Madame à Mézilhac passe dans cette commune. Un chemin vicinal construit depuis peu et qui part de Laplanche, le chef-lieu, va aboutir à cette route à Sarracet, en desservant dans son parcours deux ou trois hameaux situés dans la vallée de la petite rivière dite de Sarracet. Comme bien d'autres communes, celle de Gourdon s'est imposée beaucoup et pour longtemps.

Le propriétaire de cette commune est assez aisé. Le sol y est fertile. On y récolte abondamment du fourrage, on y a de gras pâturages qui permettent d'y élever du gros et menu bétail ; et c'est ce qui fait sa principale richesse. On y récolte aussi beaucoup de fruits, de pommes de terre et même de noix et de châtaignes, ce qui est un second revenu ajouté à celui du bétail. En un mot, sans se dire des plus riches, cette commune n'est pas une des plus pauvres du département.

AUTRES NOTES SUR LE CHATEAU DE LAMOTHE

Nous n'avons pas d'autres notes à ajouter à celui de Lacombe, mais seulement celle-ci à celui de Lamothe.

Nous trouvons la trace de la famille des de Mottes bien un demi-siècle avant qu'elle possédât le château de Lamothe.

Un noble Guillaume ou Gratien des Mottes ou de Lamothe marie une de ses filles nommée Delphine avec Me Daudonnet de Sibleyras, notaire de St-Pierreville, contrat reçu par Alexandre Gauthier et Jacques Duchamp, notaires, le 14 septembre 1494, et Dragonnet des Mottes, prieur curé de la paroisse d'Empurany, oncle sans doute de la fiancée, fut un des témoins. Ce mariage fut fait à Gourdon, dans la maison de Chalamon, aubergiste.

En 1528, est le mariage de noble Philibert de Sibleyras, notaire, fils de Daudonnet et de Delphine des Mottes avec Christine des Mottes, sa cousine. La dot de la future fut de 450 écus.

Nous avons vu que noble Gratien des Mottes devint seigneur de Lamothe en 1544 et était sans doute fils ou petit-fils de noble Guillaume ou Gratien des Mottes cité plus haut.

Vente et sous-inféodation

L'an 1786 et le 19 septembre avant midi, par-devant nous, Charles André Teyssonnier-Descros, avocat notaire

royal de la ville de Privas et témoins soussignés ; a été
présent M. Jean Guérin, seigneur de Vaneilles et autres
lieux, habitant de cette ville, procureur fondé de haut et
puissant seigneur, messire Charles Césard de Fay, marquis
de Latour-Maubourg et de Gerlande, baron de la ville de
Privas et de Boulogne, seigneur de Sainte-Ségolène, Lignon,
Chabrespine, La Batie et autres lieux, maître de camp du
régiment du Beaujolais, résidant ordinairement à Paris, en
son hôtel ; par acte passé en originelle forme, devant
M⁰ Laroche, notaire de Lamothe-Galaure, le 8 avril dernier, contrôlé et légalisé le même jour, annexé et transcrit
dans les minutes de M⁰ Guinabert, notaire, à suite du bail
à fief passé devant lui, par devant ledit M. Guérin, à Louis
Théron, le 6 mai suivant, lequel M. Guérin, en cette qualité, a baillé et baille, à titre de fief ou arrière-fief, franc et
noble à M⁰ Jean Antoine Prinsard, notaire royal du lieu de
Fougerolles, paroisse de St-Michel de Boulogne ici présent
et acceptent les pièces et propriétés nobles que ledit seigneur
de Maubourg à lui appartenant, situées dans les paroisses
de St-Michel et St-Etienne de Boulogne, pour en jouir et
disposer comme il avisera, à compter de ce jour qui sont :
1° un pré, devès chênes et champêtres appelé la Pradette,
faisant équerre, contenant six séterées trois quarts et trois
boisseaux et demi, confrontant du levant bise et couchant
la rivière de Luol, dudit levant et midi châtaigneraie de
Jean Thaulamesse, dudit midi, terre de Pierre Fraysse,
bois de chênes du domaine de Charensac et le chemin, dudit
couchant le ruisseau de Lavadoux ou de Lacombe-Delpoux ;
2° une terre, noyers, châtaigneraie, au terroir du Savel,
faisant plusieurs équerres, confrontant du levant et midi,
bois, châtaigniers de Charles Devès, du levant et midi, autres bois châtaigniers de Jacques Fraysse, dudit midi
Etienne Boiron, et encore dudit midi et couchant châtai-
gneraies de Marie Lauzel, encore dudit couchant terre et
pré dudit Boiron de ladite bise, pré dudit Laffont et ladite

rivière de Luol, contenant cinq séterées une quarte deux boisseaux ; étant convenu tant à l'égard de la pièce ci-dessus baillée à fief qu'à l'égard de celles qui le seront ci-après, ledit maître Prinsard n'aura aucune indemnité ou quanti-minoris à prétendre dans le cas que quelque autre seigneur, eut droit de directe pour le tout ou partie des dites pièces ;

(Suivent les paragraphes 3°, 4°, 5°, 6° et 7° désignant d'autres parcelles séparées du principal tenant du domaine de Lacombe et en faisant partie) ;

8° La maison d'habitation appelée Lacombe (château de Lacombe) composée de plusieurs membres de haut en bas, écurie grenier à foin, basse cour et four à faire cuire le pain, avec un tènement de terre, pré, devès, châtaigneraie, noyers, mûriers, chênes et champêtre faisant plusieurs équerres, le tout faisant partie du domaine de Lacombe, contenant trente-six séterées, confrontant du levant le ruisseau d'Auzon, du levant et midi terre et bois de Jacques Teston, du couchant châtaigneraie de Claude Laffont, de Simon Vincent Laplanche au nom de sa femme, dudit couchant ravin entre deux, dudit couchant encore et par équerre dudit midi châtaigneraie de Jacques Faure, du côté du couchant ravin entre deux, dudit couchant inclinant à la bise terre dudit fait, de ladite bise châtaigneraie desdits Vincent, encore de ladite bise et couchant par équerre ledit Teston avec lesdites propriétés les autres plus et légitimes confronts et contenances s'il y en a, chemins et servitudes quelconques même et par exprès le droit de prise d'eau à la rivière de Luol et au ruisseau d'Auzon pour l'irrigation des pièces appelées La Pradette, le Savel et le pré Lachamp.

Le présent bail à fief étant fait moyennant la somme de huit mille sept cent cinquante livres de droit d'entrée et sous la réserve de la foi hommage et dénombrement que ledit Mᵉ Prinsard et les siens seront tenus de prêter dans tous les cas de droit audit seigneur marquis de Latour-

Maubourg ou à ses ayant-cause, en demeurant dispensé pour cette fois les présentes en tenant lieu, et encore sous la réserve de l'albergue noble d'une fleur violette payable à perpétuité et portable chaque année dans sa saison audit seigneur de Maubourg dans son château de Boulogne commençant l'année prochaine; et enfin sous réserve de tous droits de lots et autres que directe et seigneurie dans le cas de vente des objets sus énoncés de la part dudit sieur Prinsard ou de ses successeurs.

Comme aussi ledit maître Guérin, en sa qualité de procureur fondé, a vendu purement et irrévocablement en toute propriété et fruits pour en jouir de suite audit maître Jean-Antoine Prinsard, toujours acceptant, les propriétés suivantes dépendantes et formant avec celles ci-dessus désignées deux domaines, l'un appelé Lacombe, l'autre Charensac, qui appartiennent audit seigneur de Maubourg dans les susdites paroisses et qui consistent (en plusieurs parcelles, séparées du principal tenant et comprises aux paragraphes 1°, 2° 3°, 4°, 5°, 6°, 7°, 8°, 9°, 10°, 11°, 12°, 13°, 14°).

15° En une maison d'habitation au mas de Charensac, composée de plusieurs membres de haut en bas, écurie et grenier à foin avec un tènement de pré, terre, devès, cheneviers et arbres à fruits, faisant plusieurs équerres, contenant, y compris le plafond du bâtiment, huit séterées deux quartes traversé en partie par le chemin de Lacombe à la rivière de Luol, confrontant du levant et de la bise propriétés de Jacques Teston, dudit levant et midi la rivière de Luol, dudit levant et de ladite bise terre de Martin Agier, chemin entre deux, encore de ladite bise ledit Teston, du couchant le ruisseau de la retraite.

Consentant ledit Monsieur Guérin, au nom dudit seigneur marquis de Latour-Maubourg, que ledit maître Prinsard jouisse des objets vendus et de ceux inféodés comme en ont joui ou dû jouir les fermiers dudit seigneur et qu'il profite des autres plus vrais et légitimes confronts et contenances s'il y en a, de même que les divers droits de servitudes y attachées, les lui baillant francs et quittes de taille et rente pour le passé chargé d'icelle pour l'avenir et à compter de cette année et exempts pour toujours de dettes, obits, pensions et hypothèques avec promesse au nom dudit seigneur d'être exempts d'éviction et garantie de fait et de droit.

Cette vente étant faite moyennant la somme de huit mille trois cent vingt-six livres, y compris les bestiaux et cabeaux qui sont aux deux domaines de Lacombe et de Charensac que les parties entendent faire partie de la vente et l'objet desquels bestiaux et cabeaux, s'élève à deux cent soixante seize livres, revenant lesdits prix de vente et entrée d'inféodation à la somme totale de dix-sept mille soixante-seize livres, sur laquelle somme ledit Monsieur Guérin déclare et reconnaît que ledit maître Prinsard, notaire, a ci-devant comptée ou fait compter par anticipation et sur la vente, avec promesse de vendre que lui avait faite verbalement celle de seize mille cent trente-sept livres dix-huit sols quatre deniers à maître Moze, ci-devant procureur fondé dudit seigneur, marquis de Maubourg, par où il demeure pour autant bien verbalement libéré et à l'égard des neuf cent trente-huit livres un sol huit deniers restant pour parfaire le susdit prix total, ledit M. Guérin les a présentement reçus dudit M. Prinsard, en bonnes espèces de cours dont quitte, demeurant convenu que dans le cas que parmi les propriétés vendues il y en ait qui réservent en directe dudit seigneur de Maubourg ou qui soient allodiales, lesdites pièces resteront assujetties envers le seigneur au cens annuel et perpétuel d'un denier pour le tout au château de Boulogne, lequel cens emportera droit de lods, prélation commise et autres de la nature des fiefs et sera exigible à chaque fête de la Noël, ledit maître Prinsard s'obligeant dans le susdit cas d'en passer un titre nouveau ou reconnaissance féodale à réquisition.

Le tout ainsi respectivement accepté par les parties qui,

pour l'observation, ont fait les soumissions requises et par expres ledit M. Guérin a obligé les biens dudit seigneur, marquis de Latour-Maubourg. Fait et récité audit Privas, dans notre étude, en présence de M. Jean-Baptiste Bourras, receveur des domaines du roi, et sieur Jean-Antoine Pourchaire, greffier commis des juridictions de Boulogne et de Privas, y demeurant ; signés avec les parties : Guérin, procureur fondé ; Prinsard, notaire ; Bourras, Pourchaire, Teyssonnier-Descros, notaire, signé.

Controllé à Privas le 8 octobre 1786, reçu 87 livres, et est renvoyé le centième denier au bureau d'Aubenas pour y être acquitté dans le délai. *Bourras, signé.*

Insinué à Aubenas le 21 novembre 1786, reçu 257 livres deux sols six deniers.

DESCHANEL, signé.

Controlle	87	»»
Emoluments et papier	24	15
Parchemin, l'un pour le seigneur, l'autre pour ledit maître Prinsard	12	»»

123 l. 15 sols.

Collationné et expédié à Mᵉ Prinsard, notaire, qui m'a payé pour controlle, émoluments, expéditions, parchemins et papier, la somme ci-contre, 123 livres 15 sols.

TEYSSONNIER-DESCROS,
Notaire.